跟着电网企业劳模学系列培训教材

电力物联网应用案例

国网浙江省电力有限公司　组编

中国电力出版社
CHINA ELECTRIC POWER PRESS

内 容 提 要

本书是“跟着电网企业劳模学系列培训教材”之《电力物联网应用案例》分册，全书共6章，主要介绍网络技术概述、交换技术、路由技术、广域网边缘技术及网络管理、应用实例、电力物联网通信技术应用等内容。

本书可供从事电力物联网技术应用及相关管理人员阅读、使用。

图书在版编目（CIP）数据

电力物联网应用案例 / 国网浙江省电力有限公司组编 .—北京：中国电力出版社，2022.6
跟着电网企业劳模学系列培训教材
ISBN 978-7-5198-6797-3

Ⅰ. ①电… Ⅱ. ①国… Ⅲ. ①电力工业—物联网—技术培训—教材 Ⅳ. ① F407.61

中国版本图书馆 CIP 数据核字（2022）第 085234 号

出版发行：中国电力出版社
地　　址：北京市东城区北京站西街 19 号（邮政编码 100005）
网　　址：http://www.cepp.sgcc.com.cn
责任编辑：穆智勇
责任校对：黄　蓓　常燕昆
装帧设计：张俊霞　赵姗姗
责任印制：石　雷

印　　刷：三河市万龙印装有限公司
版　　次：2022 年 6 月第一版
印　　次：2022 年 6 月北京第一次印刷
开　　本：710 毫米 ×980 毫米　16 开本
印　　张：13.5
字　　数：190 千字
定　　价：68.00 元

丛书序

国网浙江省电力有限公司在国家电网有限公司领导下，以努力超越、追求卓越的企业精神，在建设具有卓越竞争力的世界一流能源互联网企业的征途上砥砺前行。建设一支爱岗敬业、精益专注、创新奉献的员工队伍是实现企业发展目标、践行“人民电业为人民”企业宗旨的必然要求和有力支撑。

国网浙江公司为充分发挥公司系统各级劳模在培训方面的示范引领作用，基于劳模工作室和劳模创新团队，设立劳模培训工作站，对全公司的优秀青年骨干进行培训。通过严格管理和不断创新发展，劳模培训取得了丰硕成果，成为国网浙江公司培训的一块品牌。劳模工作室成为传播劳模文化、传承劳模精神，培养电力工匠的主阵地。

为了更好地发扬劳模精神，打造精益求精的工匠品质，国网浙江公司将多年劳模培训积累的经验、成果和绝活，进行提炼总结，编制了“跟着电网企业劳模学系列培训教材”。该丛书的出版，将对劳模培训起到规范和促进作用，以期加强员工操作技能培训和提升供电服务水平，树立企业良好的社会形象。丛书主要体现了以下特点：

一是专业涵盖全，内容精尖。丛书定位为劳模培训教材，涵盖规划、调度、运检、营销等专业，面向具有一定专业基础的业务骨干人员，内容力求精练、前沿，通过本教材的学习可以迅速提升员工技能水平。

二是图文并茂，创新展现方式。丛书图文并茂，以图说为主，结合典型案例，将专业知识穿插在案例分析过程中，深入浅出，生动易学。除传统图文外，创新采用二维码链接相关操作视频或动画，激发读者的阅读兴趣，以达到实际、实用、实效的目的。

三是展示劳模绝活，传承劳模精神。“一名劳模就是一本教科书”，丛书对劳模事迹、绝活进行了介绍，使其成为劳模精神传承、工匠精神传播的载体和平台，鼓励广大员工向劳模学习，人人争做劳模。

丛书既可作为劳模培训教材，也可作为新员工强化培训教材或电网企业员工自学教材。由于编者水平所限，不到之处在所难免，欢迎广大读者批评指正！

最后向付出辛勤劳动的编写人员表示衷心的感谢！

丛书编委会

前　言

随着电力物联网的发展，越来越多的电力设备接入到电力数据网中，也对电力数据网管理提出了更高的要求。为了打造高素质的电力通信技术专业队伍，提高专业人员的理论知识深度和专业操作水平，国网浙江省电力有限公司组织编写了本书。

本书以电力物联网数据通信技术为基础，结合传统数据通信技术网技术在物联网上的应用，从交换技术、路由技术、广域网边缘技术及网络管理三方面进行阐述，结合核心网络层、边缘网络层实验展示。本书理论联系实际，在理论上深度阐述了技术问题，可提高信息通信运维人员综合分析能力和解决问题的能力，适合从事电力物联通信技术人员使用，同时可以作为数据通信网络岗位人员基础培训用书。

由于时间仓促，加之编者水平所限，书中疏漏和不妥之处在所难免，敬请读者批评指正。

编　者

2022 年 6 月

目 录

韩荣杰劳模工作室简介

韩荣杰劳模工作室成立于2017年，以国网浙江省电力有限公司劳动模范韩荣杰的名字命名。韩荣杰，硕士，教授级高级工程师，国网浙江省电力有限公司杭州供电公司互联网部副主任，从事电力系统信息化、智能化及科技工作多年，具有丰富的理论和实践经验。在电力信息技术、网络安全、配网智能化、新能源技术等领域深入研究。近年来，在新能源智能化接入，碳达峰、碳中和等方面研究成果积累深厚，具有较强的协调能力及理论技术功底。韩荣杰劳模工作室以韩荣杰领衔，由杭州萧山信通班组中创新意识强、技术素质高的13名员工共同组成，是一支技术过硬、勇于创新的年轻队伍。

工作室是研究型、技能型、实践型的团队组织，以改革创新为动力，以发挥合力为主导，积极开展设备利旧，将先进管理经验、方法和成果转化为实际应用的措施，并通过“传、帮、带、学”放大劳模品牌效应，为员工搭建了一个研究创新和提升能力的良好平台。工作室也面向全省开展多种形式的劳模技术推广活动，收获了良好的成效。

1
网络技术概述

1.1 网 络 互 联

当今的网络互联由传统的有线接入和路由设备、创新的无线接入和控制设备组成企业园区网络，再经过运营商网络，形成了全互联的数据通道，为各种应用服务提供基础架构的支撑。

网络互联确保了所有应用之间会话的数据通道，这些通道穿越不同厂商设备而建立，那么一个通用的数据通信规范就必不可少，只有不同厂商都遵从使用相同的协议栈或通信方法时，网络互联才可能实现，TCP/IP协议栈就是目前的事实标准。

1.1.1 网络概述与发展

网络终端、服务器以及移动无线设备通过有线交换机和无线接入点连接到园区网络，经过路由设备或者防火墙把企业网接入 Internet 网络；或者通过专线、虚拟专用网络等将分布在相同或不同地理位置的分支机构和数据中心多台计算机连接在一起，形成企业互联，计算机之间得以实现资源共享和信息传递。

从网络本身的发展演进看，可以归纳为以下四个阶段：

第一阶段：通过 TCP/IP 协议，企业网络设备互联，随之各国出现网络接入服务提供商；

第二阶段：数据通信内容数据化，出现一大批内容提供商；

第三阶段：移动互联网阶段，实现随时随地的双向数据通信；

第四阶段：物联网阶段，一切皆可相连，一切皆被数据化，网络大数据即将引来新的革命。

1.1.2 OSI 参考模型

OSI 是开放式系统互联（Open System Interconnection）英文字母的首字母缩写，OSI 参考模型是 ISO 组织（国际标准化组织）在 1985 年制定的网络互联逻辑模型，其目的是指导网络设备制造商和网络应用开发者，保障所有网络设备制造商和网络应用开发者生产的网络通信产品和应用之间可以互操作，并促进网络系统的功能在这个单一的框架下发展。

OSI模型定义了网络互联的七层框架，每一层负责执行规定的数据的封装和解封装任务。在这个体系结构中，每一层都为它的上一个层级服务，同时上一层的数据也会被下一层分段打包传输。

这里以路由器设备中 Telnet 应用为例，描述七层模型的逻辑功能：

（1）应用层（Application layer）：位于 OSI 参考模型的最高层，向应用程序提供服务。Telnet 表现为路由器中的一个应用，可以在特权模式直接使用 Telnet 关键字开启这个应用。

（2）表示层（Presentation layer）：使用通用的数据编码方式，让不同系统间的机器进行信息转换和相互操作。当 Telnet 准备发送字符的时候，表示层编码为 ASCII 码准备发送。

（3）会话层（Session layer）：在用户之间建立会话、保持会话，在通信结束撤销所占用的数据通道。Telnet 发出和对方建立会话的指令，准备建立会话。

（4）传输层（Transport layer）：可以实现可靠的端到端的数据传输，能实现数据分段、传输和重组，还提供差错控制和流量/拥塞控制等功能，也能实现实时的数据通信。Telnet 在传输层通过“三次握手”建立可靠的连接，但需要网络层提供路由服务。

（5）网络层（Network layer）：主要功能是提供路由选择以及标识网络设备，即选择到达目的的网络的最优路径并沿着该路径传输数据包。网络层设备根据 Telnet 报文携带的目标地址选择最优路径，发出 telnet 的数据包。

（6）数据链路层（Data Link layer）：使用介质访问控制（MAC）子层为网络层提供可靠的数据封装。数据链路层的数据封装是帧，同时逻辑链路控制（LLC）子层实现逻辑链路控制功能。Telnet 数据包在数据链接层封装为帧，通常称为二层头部。

（7）物理层（Physical Layer）：为数据链路层提供建立、传输、释放所必需的物理连接，实现比特流传输。Telnet 数据通过一个网络接口成为二进制数据流通过网络线缆传输。

OSI 中的层及各层功能如表 1-1 所示。

表 1-1　　OSI 中的层及各层功能

OSI 中的层	功能
应用层	所有的应用程序或者服务
表示层	数据编码，数据加密，编码转换
会话层	建立通信、维持通信、删除会话通道
传输层	提供应用的端口
网络层	标识网络设备，为数据包选择路由
数据链路层	建立逻辑链接，进行硬件地址寻址，差错校检
物理层	物理的电气的规范和标准，实现编码流

OSI 是一个定义良好的协议规范集，它定义了开放系统的层次结构、层次之间的相互关系以及各层所包括的可能的任务，是作为一个框架来协调和组织各层所提供的服务。但是 OSI 参考模型并没有提供一个可以实现的方法，仅仅描述了一些概念，因此 OSI 参考模型并不是一个标准，而是一个在制定标准时所使用的概念性框架，事实上的标准是 TCP/IP 模型。

1.1.3　TCP/IP 模型

TCP/IP 是指传输控制协议和互联网协议，是当前网络互联占绝对优势的网络模型。该协议是由一组系列通信规则构成的，下面通过表 1-2 简单说明。

表 1-2　　TCP/IP 模型的层及各层应用示例

TCP/IP 模型层	应用示例
应用层	TELNET、SSH、FTP、SFTP……
传输层	TCP，UDP
网络层	IP
接入层	物理层和数据链接层

TCP/IP 的应用层负责处理高级协议和表示问题。提供用户与应用程序交互界面。当一个应用准备建立双向通信时，它将其数据转发给传输层。

TCP/IP 的传输层负责对数据进行分段，另外还负责检测通过网络发送的数据的可靠性、流控制和差错校验。TCP/IP 中有两个具有代表性的传输层协议，分别是 TCP 和 UDP，其中 TCP 是面向连接的、可靠的流协议。当应用程序采用 TCP 发送数据时，通过握手机制保障连接的可靠性；通过序号机制保证发送的顺序，如果数据包丢失，通过对序号的确认还可以重传；此外还通过窗口机制进行流量控制、拥塞控制等功能。

UDP 是用户报文数据报协议，没有像 TCP 一样的控制机制，但是由于其轻型的报文头部，减少的报文的大小，更适用于实时的通信传输。

第三层是网络层，一方面标识网络设备的接口，另一方面它负责对数据加上 IP 包头部，实现 IP 寻址、路由。

第四层是接入层，TCP/IP 模型的接入层综合了 OSI 模型中物理层和数据链路层，反映出 IP 封装的通用性和广泛的适应性，从这一点上来看，也是 TCP/IP 成功的重要因素之一。

1.1.4 物联网

IoT（Internet of things，IoT）的目标就是“将所有未连之物连接起来”。这也就意味着，所有当前还没有连接到计算机网络（即互联网）中的物品都会接入进来，以便与其他人或物进行通信与互动。物联网的世界广阔而又多元，有些人认为它有些复杂，这是因为物联网包含了大量的构成元素和不同的通信协议。

事实上，可以这样来看待这个问题：信息技术（Information technology，IT）可以让人们与互联网以及相关的数据和信息系统之间建立连接；而操作技术（Operation Technology，OT ）则会对物理操作系统中的设备和流程进行监测和控制。这里所说的系统包括电网系统、设备制造系统、公路系统，等等。传统系统中，IT 不会介入 OT 的工业生产和流通环境当中，这两个网络以前是完全分离的，但是随着物联网标准协议的出现，IT 和

OT 世界正在融合。说得更准确一点就是，OT 正在开始采用 IT 组织的那一套网络协议、技术、传输机制和方法，而 IT 组织也在开始对 OT 的操作需求提供支持。当 IT 和 OT 开始使用同一个网络、协议和流程时，就会产生规模经济的效应。

随着 OT 和 IT 的融合，两类系统都会进步。OT 看上去会更接近 IT 技术，因为它们也会采用诸如以太网和 IP 协议这样的公共标准。同时，IT 也会看上去更像是 OT 的业务伙伴，因为 IT 从业者也会更了解 OT 的工业产品和操作需求，IT 与 OT 相结合可以让商业环境变得更加高效、利润也更高，因为这种环境可以降低网络的宕机时间，可以通过规模经济降低成本，可以减少企业的库存，优化商品的运输时间。如果人们能够正确地处理 IT/OT 之间的融合，物联网就会获得双方组织的支持。这可以“让两类网络都获益良多”。

关于物联网的参考模型，目前比较流行的有普度模型的控制分层结构，工业互联网联盟（IIC）提出的工业互联网参考架构，物联网架构（IoT-A）还创建了一个物联网架构的参考模型。这几种模型之间存在着巨大的差异，它们都用不同的方式对物联网进行了分层，也都在某种程度上将技术和标准的开发工作限制在某一层或某一个领域。这些模型的共同之处在于，它们都认识到了物联网端点设备与数据传输网络之间需要进行互联，而这类网络中传输的数据最终会被各种不同的应用所调用——无论这些应用位于数据中心、位于云，还是位于协议栈的各个管理端点当中。

这里为方便理解，以简化的物联网架构介绍大多数物联网系统都会使用的基本构造模块，其目的在于帮助理解物联网的设计方案。这个架构包含了两个相互平行的协议栈，即物联网数据管理和计算协议栈和核心物联网功能协议栈。

与大多数 IT 网络不同，物联网的应用和分析层中未必只存在于数据中心或者云中。由于物联网所面临的特殊挑战和需求，应用和数据管理往往分布在整个架构的各层当中，让物联网系统能够在多点采集和分析数据，并且执行智能控制。在简化的模型中，数据管理是与核心物联网功能协议栈的三层相平行的另一个协议栈。数据管理协议栈的三层为边缘层（即传感器自身的数据管理）、雾层（即在网关和传输网络中的数据管理）和云层（即云或中心站点数据中心的数据管理）。核心物联网功能协议栈可以扩展出很多子层，这些子层中包含了更加详细和具体的网络功能，通信层可以分为4个子层，即接入网、网关与回程网络、IP传输，以及操作与管理子层。

1.2 以太网和数据封装

随着TCP/IP占有了包交换技术市场，一些厂商在数据接入和封装方式上展开竞争，以太网在20世纪70年代进入市场，最初使用同轴电缆基带传输载体，采用载波多路访问和冲突检测（CSMA/CD）机制，数据传输速率可以达到10Mbit/s。它允许网络中的所有主机共享背板带宽，因此多个主机能够使用共享媒体来传输流量。随着双绞线铜缆应用，数据速率达到100Mbit/s，单端口速率上升而价格下降，以太交换技术也统一了市场和相关标准。当光纤作为以太数据帧载体后，到目前为止以太单端口速率商用已经到达400Gbit/s，当本书交稿时，800G的数据中心互联也已经开始部署了。

1.2.1 传输介质简介

以太网可以采用多种连接介质，包括同轴缆、双绞线和光纤等，当Wi-Fi无线技术商用以后，电磁波也成为了以太网的一个载波媒体。

同轴缆分为粗缆和细缆，粗缆使用10BASE5标准，细缆使用10BASE2标准。10BASE代表传输速度10Mbit/s。目前100BASS-T标准的同轴电缆应用在特殊的场所，如舰船、汽车等狭小空间。

双绞线多用于从主机到交换机和无线接入点到交换机的连接，经历了10BASS-T到1000BASS-T的发展。最常见的双绞线是CAT5和CAT6型双绞线，从结构上分为屏蔽和非屏蔽两种包裹。在强电磁干扰场所，屏蔽层可以较好地保护数据通信不被干扰，主机间通信不会互相影响，特别适合局域网的通信。

光纤是光导纤维的简称，是一种由玻璃或塑料制成的纤维，主要用于交换机间的级联和交换机到路由器间的点到点链路上，数据中心服务器光纤网卡接入交换机和存储网络。楼宇之间链路，城际以太网都使用了光缆互联，千兆光纤标准为 1000BASE-SX/LX/CX，万兆光纤标准有 10000BASE-er 和 10000BASE-ew。

1.2.2　以太网帧结构

终端之间的通信是通过数据链路层控制数据帧在物理链路上传输实现的。数据包在以太网物理介质上传播之前必须封装头部和尾部信息。封装后的数据包称为数据帧，数据帧中封装的信息决定了数据如何传输。以太网上传输的数据帧有两种格式，选择哪种格式由 TCP/IP 协议簇中的网络层决定。第一种是 Ethernet II 帧格式，其后来被 IEEE 802 标准接纳，并写进了 IEEE 802.3x-1997；第二种是 IEEE 802.3 格式。这两种格式的主要区别在于，Ethernet II 格式中包含一个 Type 字段，标识以太帧处理完成之后将被发送到哪个上层协议进行处理。IEEE 802.3 格式中，同样的位置是长度字段，通常将 802.3 局域网简称为“以太网”。以太网帧结构如图 1-1 所示，各部分含义如下。

IP数据报

以太网 MAC帧	源MAC地址	目的MAC地址	上层协议类型	数据	帧检测FCS
字节	6byte	6byte	2byte	46~1500byte	4byte

8个字节　　MAC帧

图 1-1　以太网帧结构

（1）目的 MAC 地址：目标适配器的 MAC 地址，即物理地址，也称为链路地址、MAC 地址、LAN 地址，字段长度为 6 个字节，能够标识帧的接收者。

（2）源 MAC 地址：传输该帧到局域网上的适配器的 MAC 地址，字段长度为 6 个字节，可以标识帧的发送者。

（3）类型字段：用于标识数据字段中包含的高层协议，以便把收到 MAC 帧的数据上交给上一层的这个协议。该字段长度为 2 个字节。一般，类型字段取值为 0x0800 的帧代表 IP 协议帧；类型字段取值为 0x 0806 的帧代表 ARP 协议帧。

（4）数据字段：也称为有效载荷，46～1500 个字节，46 是因为以太网 MAC 帧长不能小于 64 字节（最小帧长度保证有足够的传输时间用于以太网网络接口卡精确地检测冲突，这一最小时内间是根据网络的最大电缆长度和帧沿电缆长度传播所要求的时间确定的），1500 是因为以太网的最大传输单元（MTU）是 1500 字节。当数据字段的长度小于 46 字节时，应在数据字段的后面加入整数字节的填充字段，当传输到网络层时，网络层使用 IP 数据报首部中的长度字段来去除填充部分。这个字段承载了 IP 数据报。表示交付给上层的数据。

（5）帧检测 FCS：检测该帧是否出现差错，占 4 个字节（32 bit）。发送方将计算帧的循环冗余码校验（CRC）值写到帧检测 FCS 位中，接收方计算机重新计算 CRC，与 FCS 位中的值进行比较。如果两个值不相同，则表示传输过程中发生了数据丢失或改变。这时，就需要重新传输这一帧。

1.2.3 数据封装

数据包利用网络在不同设备之间传输时，为了可靠和准确地发送到目的地，并且高效地利用传输资源（传输设备和传输线路），事先要对数据包进行拆分和打包，在所发送的数据包上附加目标地址和源地址以及一些用于纠错的字节；安全性和可靠性较高时，还要进行加密处理等等。这些操作就叫数据封装，如图 1-2 所示，图中各层功能如下。

（1）应用层：原始数据被转换成二进制数据。

（2）传输层：二进制数据被分割成小的数据段，并封装 TCP 头部（数据段）。TCP 头部的关键信息为端口号。

（3）网络层：传输层传来的数据被封装上 IP 头部（数据包）。IP 头部的关键信息为 IP 地址。

（4）数据链路层：网络层传来的数据被封装上 MAC 头部（数据帧）。MAC 头部的关键信息为 MAC 地址。

（5）物理层：二进制数据组成的比特流转化为电信号在网络中传输（比特流）。

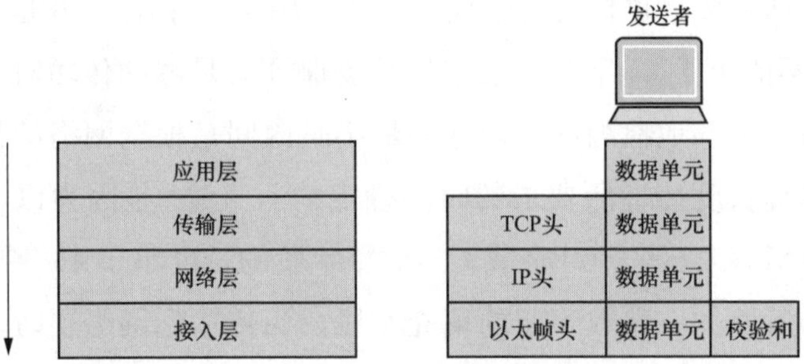

图 1-2 数据封装

1.2.4 对等层通信

主机在进行通信时，发送端主机依照 OSI 参考模型的定义，自上而下层层封装数据。根据 OSI 的分层原则，某层封装的内容对于其他层来说是不可知的。如果接收端主机想知道发送端主机送给它的信息，它也必须在和发送端主机相对应的层次上才能读出特定的信息，这样的通信方式称为对等层通信，如图 1-3 所示。

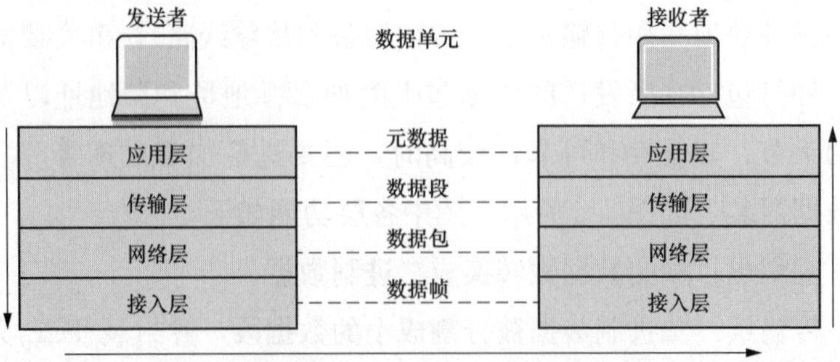

图 1-3 对等层通信

对于一个给定系统的各层，当要发送的信息逐层向下传送时，信息越往低层就越不同于人类的语言，而是计算机能够理解的“1”和“0”。每一层使用自己的协议与其他的对等层相互通信。每一层的协议在与对等层之间交换的信息称为协议数据单元（PDU）。

主机 A 发送信息给主机 B 时，主机 A 的应用程序与主机 A 的应用层通信，主机 A 的应用层再与主机 A 的表示层通信，主机 A 的表示层再与主机 A 的会话层通信等，直到到达主机 A 的物理层。物理层把信息放到网络物理介质上并把信息从网络物理介质上送走。信息在物理介质上传送并被主机 B 接收后，会以相反的方向向上通过主机 B 的各层（先是物理层，然后是数据链路层等），最终到达主机 B 的应用层。尽管主机 A 的每一层只与它自己的相邻层直接通信，但主机的每一层总有一个主要任务必须要执行。每一层的主要任务是与主机 B 的对等层进行通信，即 A 主机的第一层任务是与 B 主机的第一层通信，A 主机的第二层任务是与 B 主机的第二层通信，等等。

1.3 IPv4 地址和网络协议

IPv4 表示互联网协议第四版，是网络协议开发过程中的第四个修订版本，也是此协议第一个被广泛部署的版本。IPv4 的地址由 32 位二进制组成，分为四部分，每部分为 8 位二进制，之间用“.”分隔开，称为点分十进制表示法。IPv4 地址分为网络位和主机位，并用子网掩码把网络位和主机位区分。作为一种无连接的载体协议，设备执行该协议会尽最大转发能力发送数据包，在每一跳的传输过程中，它不控制相邻设备是否能将数据包发送到达目的地，也不控制所有数据包均按照时间正确的序号无重复地到达。这些是由上层的传输协议（如传输控制协议）处理的，文件属性信息如图 1-4 所示。

1.3.1 IPv4 编址

IPv4 的编址中，每一个部分的取值是 0～255，按照第一个 8 位组的取值范围，IPv4 编址可分为 A、B、C、D、E 五类，如图 1-5 所示。其中 A 类、B 类、C 类地址应用于单播地址，D 类地址用于组播通信，E 类地址保留待开发。

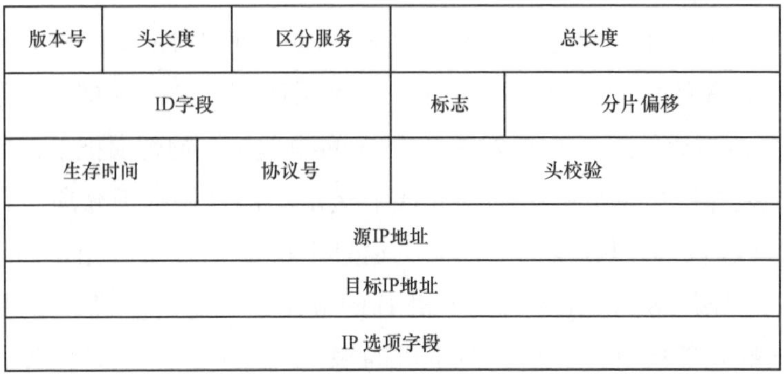

图 1-4　文件属性信息

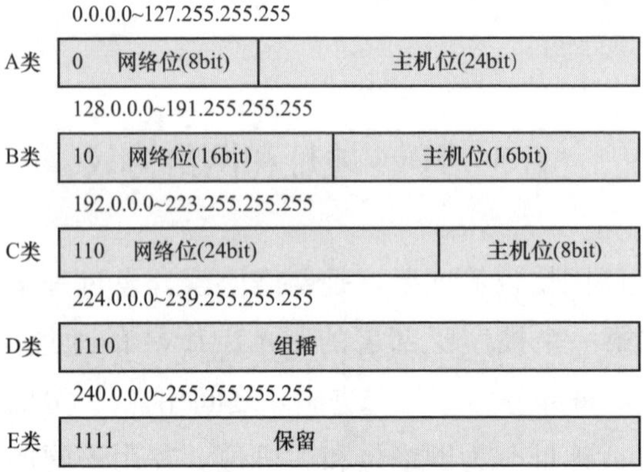

图 1-5　IPv4 地址分类（按取值范围）

接下来从二进制取值变化上来描述地址分类：

（1）A 类地址的网络号共 8bit，第一位始终为零，有 7bit 可用于网络号，网络号的变化范围是 00000000 到 01111111，全 0 是保留网络，全 1 网络转换为十进制是 127，127 也被保留给网络系统做本地测试，所以 A 类网络实际使用的取值范围是 1-126，另外主机号全 0 代表网络地址，全 1 代表该类网络广播地址。

(2) B类地址的网络号共16bit，第一个字节第一位始终为1，第二个字节第一位始终为零，第一个8bit组网络取值范围的变化是11000000到110111111，转变为十进制就是192-223，对应的B类地址的网络范围128.0.0.0-191.255.0.0，其中169.254.0.0网络被保留给网络中的主机在没有通过DHCP获取地址或者也没有被手工分配地址时使用，该地址段称为自主专有地址，没有IP地址使用的主机自动获取169.254.0.0网段中的随机地址，该地址仅仅在本地通信有效，不能被路由。

(3) C类地址的网络号共24bit，第一个字节第一位始终为1，第二个字节第一位始终为1，第三个字节第一位始终为0，第一个8bit组网络取值范围的变化是10000000到101111111，转变为十进制就是192-223，对应的C类地址的网络范围192.0.0.0-223.255.255.0，其中192.0.2.0/24被保留作为黑洞网络使用。

(4) D类地址的前4bit是1110，用于组播通信，地址的网络号取值在224-239之间。

除了按照IP取值范围来划分类别外，还可以按照使用范围来划分为私有地址和共有地址，根据RFC1918规定，因特网域名分配组织IANA组织（Internet Assigned Numbers Authority）保留了以下三个IP地址块用于私有网络：

10.0.0.0-10.255.255.255（/8bit前缀）；

172.16.0.0-172.31.255.255（/12bit前缀）；

192.168.0.0-192.168.255.255（/16bit前缀）。

在无类别域间路由CIDR中，第一块地址就是一个A类中的一部分网络号，第二块地址是B类地址中16个连续的B类网络号，第三块地址是256个连续的C类网络号，除私有地址外就是公有地址，当然，公有地址不包含前面提到的特殊地址。

1.3.2 子网划分

子网划分就是将一个网络块分成几个部分供多个内部网络使用，但对外部世界仍然像单个网络一样。使用了子网划分后，路由表必须包含以下三项内容：目的网络地址、子网掩码和下一跳地址。分类 IP 地址是两级 IP 地址，而子网的划分则构成了三级 IP 地址。从两级 IP 地址到三级的 IP 地址的理由有：①IP 地址空间的利用率有时很低；②给每一个物理网络分配一个网络号会使路由表变得太大，从而使网络性能变坏；③两级 IP 地址不够灵活。

划分子网的基本思想主要是以下三点：

（1）一个拥有许多物理网络的单位，可将所属的物理网络划分为若干个子网。划分子网是一个单位内部的事情，本单位以外的网络看不见这个网络是由多少个子网组成，因为这个单位对外仍然表现为一个网络。

（2）划分子网的方法是从网络的主机号借用若干个作为子网号，当然主机号也就相应减少了同样的位数。于是两级 IP 地址在本单位内部就变成了三级 IP 地址，分别是网络号、子网号和主机号。

（3）凡是从其他网络发送给本单位某个主机的 IP 数据报，仍然是根据 IP 数据报的目的网络号找到连接在本单位网络上的路由器。但此路由器在收到 IP 数据报后，再按目的网络号和子网号找到目的子网，把 IP 数据报交付给目的主机。

划分子网只是把 IP 地址的主机号 host-id 这部分进行再划分，而不改变 IP 地址原来的网络号 net-id。现在的问题就是：假定有一个数据报（其目的地址是 145.13.3.10）已经到达了路由器 R1，那么这个路由器如何把它转发到子网 145.13.3.0 呢？

因为 32 位的 IP 地址本身以及数据报的首部都没有包含任何有关子网划分的信息，所以从 IP 数据报的首部并不知道源主机或目的主机所连接的网络是否进行了子网的划分，因此必须使用子网掩码。

用一主机的三级 IP 地址的结构，也就是说，现在从原来 16 位的主机号中拿出 8 位作为子网络号 subnet-id，而主机号减少到 8 位，则现在子网号为 3 的网络的网络地址是 145.13.3.0。为了使路由器 R1 能够很方便地从数据报中的目的 IP 地址中提取出所要找的子网的网络地址，路由器 R1 就要使用子网掩码。子网掩码中的 1 对应于 IP 地址中原来的 net-id 加上

subnet-id，而子网掩码中的 0 对应于现在的 host-id。R1 把子网掩码和收到的数据报的目的 IP 地址 145.13.3.10 逐位相“与”，得出所要找的子网的网络地址 145.13.3.0。

使用子网掩码的好处是不管网络有没有划分子网，只要把子网掩码和 IP 地址进行逐位的“与”运算，就能立即得出网络地址。这样在路由器处理到来的分组时就可采用同样的算法。

在不划分子网时，也要使用子网掩码，原因是为了便于查找路由表。现在因特网的相关标准规定，所有的网络都必须使用子网掩码，同时在路由器的路由表中也必须有子网掩码这一栏。如果一个网络不划分子网，那么该网络的子网掩码就使用默认子网掩码。默认子网掩码中 1 的位置和 IP 地址中网络字段 net-id 正好相对应。

1.3.3 变长子网掩码

可变长子网掩码（VLSM）是指借用主机位的字节充当网络位的字节，原有网络位增加了长度，掩码也相应改变长度，结果是把一个网络划分成了多个小的网络，也可以理解为减小了广播范围的主机数量。

从 A 类的网络号看，前 8 位是网络位，理论上有 24 位主机位可以借；B 类的网络号前 16 位是网络位，理论上有 16 位主机位可以借；C 类的网络号前 24 位是网络位，理论上有 8 位主机位可以借；实际上至少保留 2bit 用于分配给主机或网络设备，还要保留代表子网本身的和子网广播，所以在实际中可以借的位数是在理论值中再减去 2。一个简单的公式可以利用来计算子网的个数和子网中主机的数量，用 n 代表实际主机位数，用 m 代表借用的比特数，那么子网数就是 2^m，子网中主机数 2^(n－m)－2，^代表乘方运算，这里以 C 类网络中 192.168.1.0/24 为例，可用使用的主机位数是 8bit，如果借用 2bit，那么产生 2^2＝4 个子网，子网中主机数量是 2^(8－2)－2＝62 台主机。

1.3.4 ICMP 协议

ICMP 协议常用于 IP 主机、路由器之间传递控制消息，使用请求或应答机制来验证网络是否畅通，其消息的结果可以被其他应用引用。控制消息可以大致分为数据报错误信息、网络状况信息、主机状况信息等。这些控制消息虽然并不传输用户数据，但对于用户数据报的有效递交起着重要作用。

从 TCP/IP 模型的分层结构看，ICMP 协议属于网络层，它配合着 IP 数据报的提交，提高 IP 数据报递交的可靠性。ICMP 是封装在 IP 数据报中进行发送的，报文的目的不是目的主机上的某个应用程序，它不为应用程序提供传输服务，其报文的目的是目的主机上的网络层处理的服务或者进程。

ICMP 数据报格式如图 1-6 所示，各部分具体含义如下。

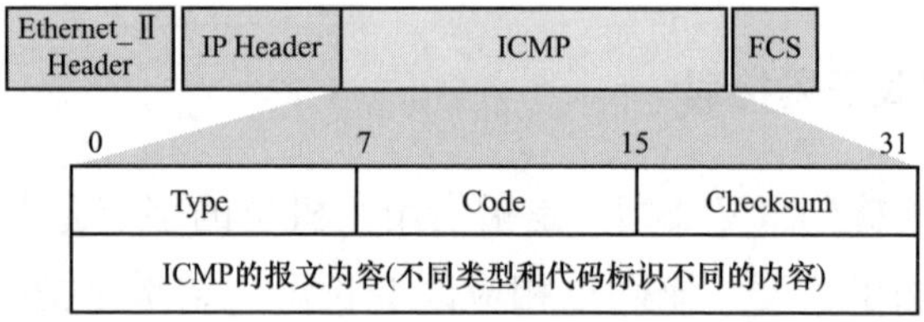

图 1-6　ICMP 数据报格式

（1）类型（Type）：1 个字节，表示 ICMP 的消息类型。

（2）代码（Code）：1 个字节，是对类型的进一步说明。每种类型报文的产生原因都可能有多个，例如目的不可达报文，产生的原因可能有主机不可达、协议不可达、端口不可达等。

（3）校验和（Checksum）：2 个字节，是对整个报文的报文信息，即包括 ICMP 首部和数据区域的校验。

（4）首部中的剩余 4 个字节在每种类型的报文中有特殊的定义。

ICMP 报文有差错报文和查询报文两种类型。ICMP 差错报文即端口不可达报文，是 ICMP 目的不可达报文的一种，这种差错报文是立刻返回的。

ICMP 查询报文有回送请求或应答、时间戳请求或应答、路由器询问和通告、信息请求或应答、地址掩码请求或应答等。ICMP 回送请求或应答报文是 ICMP 中唯一实现的报文，其他几种报文是主机启动时确定自己的 IP 地址、掩码、路由状况等信息，由 DHCP 协议实现。回送请求或应答报文是为诊断网络而设计的，这对报文组合起来就可以确定两个网络设备之间彼此是否能够通信，因为 ICMP 报文是被封装在 IP 数据报中发送的，发送请求的主机能收到回答报文，证明两台主机之间能够使用 IP 协议进行通信，同时也能证明源主机与目的主机之间的所有路由器的接收、处理、转发功能正常。

1.3.5 ARP 协议

ARP 是 Address Resolution Protocol 首字母的缩写，意为地址解析协议。在以太网环境中，数据传输检查的是 MAC 地址，但是服务和应用使用的是 IP 地址，将 IP 地址和 MAC 地址关联或映射的工作就由 ARP 协议来完成的。“地址解析”就是在主机发送帧的时候将目标 IP 地址转解析为目标 MAC 地址。ARP 数据包格式如图 1-7 所示。

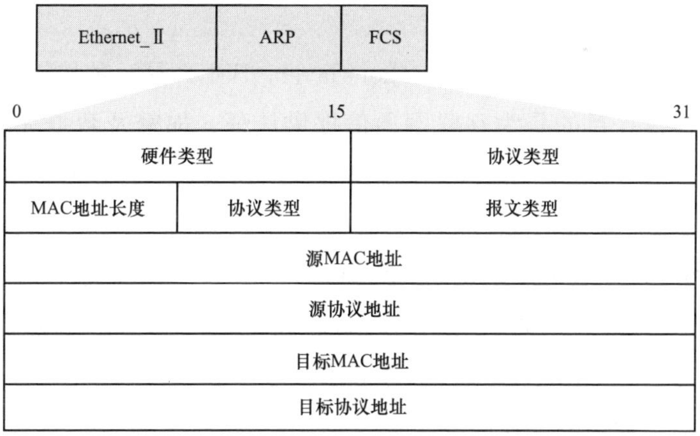

图 1-7　ARP 数据包格式

当一台设备和另外一台设备通信时，先检查本地是否有目标 IP 和 MAC 的映射，如果没有，它会发送一个 ARP 请求（见图 1-8），这个数据包中包括目标设备的 IPv4 地址、发送设备的 IPv4 地址和数据链路标识。这个数据包会被封装成数据帧，并以广播形式发送，目标设备包含该广播报文 IPv4 地址的设备就会回应，包含设备的 IPv4 地址和数据链路标识。

PC1 会将 PC2 的 MAC 信息放入本地的 ARP 缓存表，在 ARP 老化时间计时器到期之前，表里面放置了 IP 和 MAC 地址的映射信息，计数器到期，该对应关系将刷新；接下来，后续的通信就以 IP 单播的形式进行了。

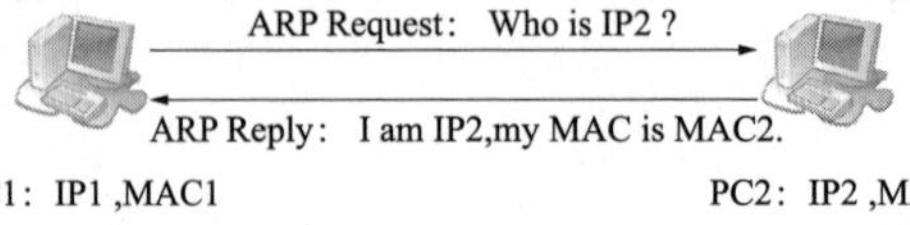

图 1-8　两台设备通信过程示意图

如果 IP 的映射请求在不同的广播域，则网络层设备是以太接口 MAC 将数据包原有目的 MAC 替换，把本地接口 MAC 添加到帧的目的 MAC 位置，回复给请求者，这种工作形式称为代理 ARP，网络层设备形成新的二层帧头和重新校验的帧尾继续向目标转发。

1.3.6　传输层安全协议

传输层安全协议（Secure sockets layer，SSL）是一种传输层和上层之间的安全协议，目的是为互联网通信提供认证、加密及数据完整性保障。网景公司（Netscape）在 1994 年推出首版网页浏览器网景导航者时，推出 HTTPS 协议，以 SSL 进行加密，这是 SSL 的起源。经过 3 次版本升级，IETF 将 SSL 进行标准化，1999 年公布第一版 TLS 标准文件，随后又公布 RFC 5246（2008 年 8 月）与 RFC 6176（2011 年 3 月）。浏览器、电子邮件、即时通信、VoIP、网络传真等应用程序广泛支持这个协议，现已成为互联网上保密通信的工业标准。

SSL 包含记录层（Record Layer）和传输层，记录层协议确定传输层数据的封装格式。传输层安全协议使用 X.509 认证，之后利用非对称加密演算来对通信方做身份认证，之后交换对称密钥作为会谈密钥（Session-Key）。这个会谈密钥用来将通信两方交换的数据做加密，保证两个应用间通信的保密性和可靠性，使客户与服务器应用之间的通信不被攻击者窃听。以 HTTPS 通信过程来说明 SSL 协议的工作方式，如图 1-9 所示。

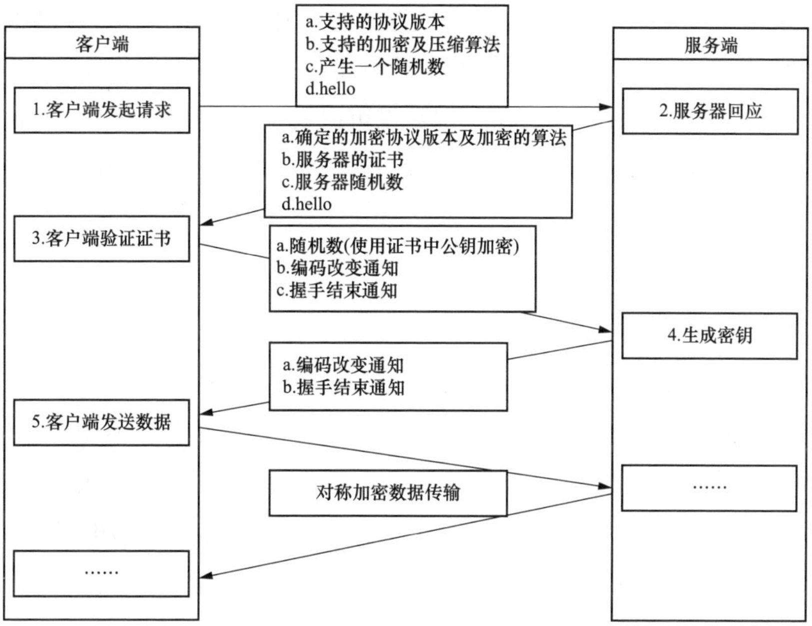

图 1-9　SSL 协议的工作方式

(1) 客户端发送一个“ClientHello”消息，内容包括：支持的协议版本，比如 TLS1.0 版，一个客户端生成的随机数（稍后用于生成会话密钥），支持的加密算法（如 RSA 公钥加密）和支持的压缩算法。

(2) 客户端收到一个“ServerHello”消息，内容包括：确认使用的加密通信协议版本，比如 TLS 1.0 版本（如果浏览器与服务器支持的版本不一致，服务器关闭加密通信），一个服务器生成的随机数（稍后用于生成对话密钥），确认使用的加密方法（如 RSA 公钥加密），服务器证书。

(3) 当双方知道了连接参数，客户端与服务器交换证书（依靠被选择的公钥系统）。这些证书通常基于 X.509，不过已有草案支持以 OpenPGP 为基础的证书。

(4) 服务器请求客户端公钥。客户端有证书即双向身份认证，没证书时随机生成公钥。

(5) 客户端与服务器通过公钥保密协商共同的主私钥（双方随机协商），这通过精心谨慎设计的伪随机数功能实现。结果可能使用 Diffie-

Hellman 交换，或简化的公钥加密，双方各自用私钥解密。所有其他关键数据的加密均使用这个主密钥。数据传输中记录层（Record layer）用于封装更高层的 HTTP 等协议。记录层数据可以被随意压缩、加密，与消息验证码压缩在一起。每个记录层包都有一个 Content-Type 段，用于记录更上层用的协议。

1.3.7 数据包转发原理

路由设备收到一个数据包，如果没有安全的访问控制，先读取报文头部的目标地址所在的网络，然后检查路由表中是否具有到达目的网络的路由条目，按照最长掩码匹配的原则找到最优路由条目，并从相关出口转发，转发时将该报文的 TTL 值减去 1，报文头部的 TTL 值为 0，如果本地路由表中没有相关路由条目，也没有指定源路由，将丢弃该数据包。

1.3.8 DHCP 原理与配置

DHCP 是 Dynamic Host Configuration Protocol 的简写，意为动态主机配置协议，作为一个服务，其功能是在网络中自动为客户端分配 IP 地址、网关、DNS 以及其他一些服务的地址信息，实现对 IP 地址池的集中管理，减少手工分配 IP 地址的工作量和人为配置错误的可能性。从客户端和 DHCP 服务器之间报文交互来看，DHCP 的工作流程分为以下 4 个步骤：

（1）发现报文。如图 1-10 所示，DHCP 客户端以广播的方式发送 DHCP discover 报文，报文原地址是 0.0.0.0，目标地址 255.255.255.25，一个广播域内的所有网络设备都会接收到这个广播包，但只有 DHCP 服务器才会作出响应。

（2）提供报文。如图 1-11 所示，DHCP 服务器收到 DHCP discover 发现信息并做出响应，从 IP 地址池中挑选一个未使用的 IP 地址分配给 DHCP 客户机，向 DHCP 客户机发送一个包含 IP 地址和其他信息的 DHCP offer 报文，仍然是广播的方式通告。

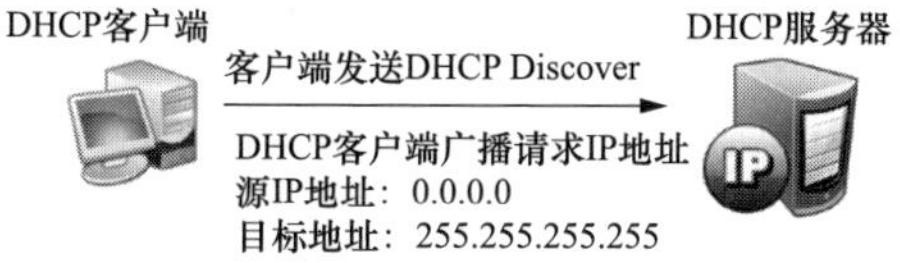

图 1-10 发现报文

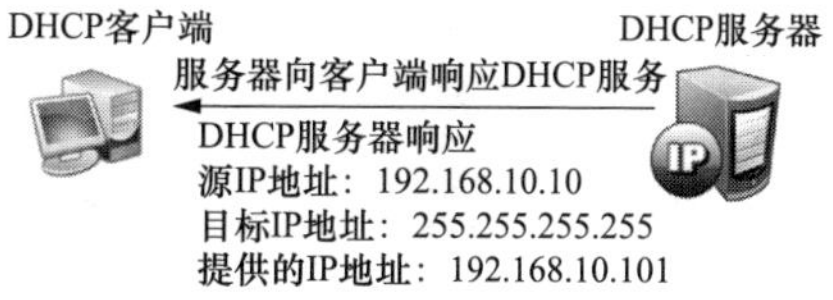

图 1-11 提供报文

(3) 请求报文。如图 1-12 所示，DHCP 客户机请求使用某台 DHCP 服务器提供的 IP 地址，如果有多台 DHCP 服务器向 DHCP 客户机发出 DHCP offer，客户机只接收第一个收到的 DHCP offer；客户机以广播的方式发出一个 DHCP request 请求信息，该信息中包含它所选定的 DHCP 服务器请求 IP 地址的内容，这样就通知了所有的 DHCP 服务器，它所选择某台 DHCP 服务器所提供的 IP 地址，另外还有检查 IP 地址是否有冲突的作用。

(4) 确认报文。如图 1-13 所示，DHCP 服务器收到客户机的 DHCP request 请求报文后，向 DHCP 客户机发送一个包含它提供的 IP 地址和其他设置的 DHCP ACK 确认报文，一个正常的流程结束。

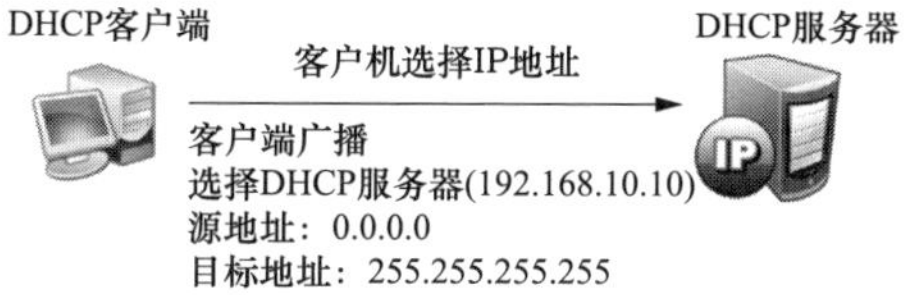

图 1-12 请求报文

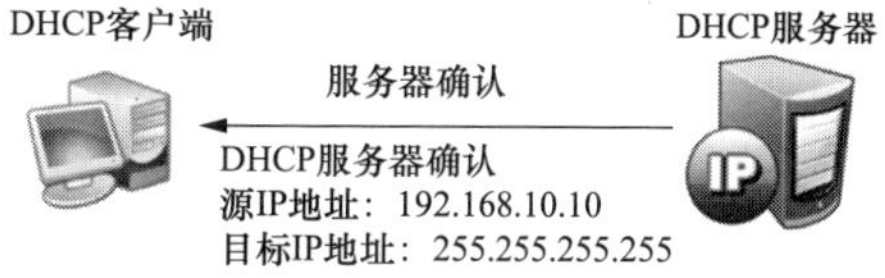

图 1-13 确认报文

(5) 在地址租约期没有到期之前重新开机，直接发送包含前一次所分配 IP 地址的 DHCP request 请求，当 DHCP 服务器收到这一信息后，它会尝试让客户机继续使用原来的 IP 并回答一个 DHCP ACK 确认信息（见图 1-14），例外的情况是这个 IP 地址被分配给其他 DHCP 客户机使用了，则 DHCP 服务器给 DHCP 客户机回答一个 DHCP NACK 否认消息，客户机收到此消息后就必须重新发送 DHCP discover 发现报文，重新请求新的 IP 地址（见图 1-15）。

图 1-14 在地址租约期没有到期之前重新开机，客户机继续使用原来的 IP

图 1-15 在地址租约期没有到期之前重新开机，客户机无法继续使用原来的 IP

（6）关于租约期。DHCP 客户机获取 IP 地址有一个使用期限，称为租约期。期满后 DHCP 服务器会回收这个 IP 地址，但是 DHCP 客户机在使用过程中会自动申请延长其 IP 租约。这里以租约期 8 天为例说明续租的过程。在有效的 8 天租约期限内，包含着续租的两个时间点，第 4 天和第 7 天，也就是租约的一半和租约的 7/8，第 4 天的时候，客户端会向 DHCP 服务器发送一个 DHCP Request 的数据包，目的是请求更新自己的租约，DHCP 服务器正常且响应此请求，返回一个 DHCP ACK 的数据包，这表示续约成功，新的租期是在申请日期的基础上加 8 天；如果第一次没有续约成功，到了租期的 7/8 时，还会重复一次申请续约的过程，新的租期是在申请日期的基础上加 8 天，以此类推。因此 DHCP 客户端获取到一个 IP，只要是续约时顺利，那么它会一直使用这个 IP 地址。

1.3.9 FTP 和 TFTP 原理与配置

文件传输协议（File Transfer Protocol，FTP）是 TCP/IP 协议组中的协议之一。FTP 协议实现由 FTP 服务器和 FTP 客户端组成，其中 FTP 服务器用来存储文件，用户使用 FTP 客户端访问位于 FTP 服务器上的资源。使用 FTP 进行文件传输时，需要使用两个 TCP 连接，20 端口用于传输数据，21 端口用于传输控制信息。

简单文件传输协议（Trivial File Transfer Protocol，TFTP）也是 TCP/IP 协议族中的一个用来在客户机与服务器之间进行简单文件传输的协议，基于 UDP 实现，没有认证机制，提供不复杂、开销不大的文件传输服务。端口号为 69。

1.4 电力物联网与数据通信

1.4.1 物联网协议

1.4.1.1 物联的“物”层

大多数物联网都始于那些需要连接的对象或“物”，下面用一种架构化的分类方法描述物联网的“物”。

(1) 电池电源或连接中取电：这种分类方式是根据对象是自带电源还是通过外部电源不间断供电来进行判断的。电池供电的对象比通过电线供电的对象移动起来更加方便。但电池供电限制了设备每次可以使用的时长，以及对象可以消耗的总能源，因此这类对象的传输范围和频率也会受到限制。

(2) 移动还是静态：这种分类方式是根据“物”是移动的，还是长期处于同一位置来进行判断的。传感器可能是移动的，因为它会从一个对象移动到另一个对象（例如，黏度传感器就需要在化工厂中从一堆化学原料移动到另一堆化学原料），或者因为传感器本身是附着在一个移动物上的（比如那些安装在仓库或者工厂车间货物上的位置传感器）。“物”的移动频率也（从偶尔移动到始终移动）各不相同。移动的范围（是几厘米还是几公里）往往可以决定这个“物”的供电方式。

(3) 报告频率是低是高：这种分类方式是根据对象报告被监测参数的频率来判断的。一个电能表传感器可能每个月才会报告一次数值，而风力传感器则可能会每秒报告数百次速度参数。高频传感器消耗的能量也更高，这也限制它们的供电方式（因此也会限制这类对象的移动性）和传输范围。

(4) 数据是简单还是丰富：这种分类方式是根据每次报告时，传感器提供的数据量是大是小来判断的。某个电能表传感器每次只需要（使用二进制）报告一个当日或当月指数，而一个引擎传感器则可能需要报告上百个参数，从温度到压力、气流速度、压缩速度、碳指数等。数据量越大，耗的能量也更高。

（5）报告范围：这种分类方式是根据网关的距离来判断的。比如，健康手环与手机的通信过程中，健康手环距离手机最多有几米的距离。这里假设用户的手机需要在他/她的视线范围之内，以便他/她查看屏幕上的报告数据。如果手机距离很远，说明他/她没有在使用手机，那么手环报告给手机的那些数据也就没有什么价值了。然而，小区安装的电能表传感器可能需要与数百米甚至数公里之外的网关进行通信。

（6）每单元的对象密度：这种分类方式是根据给定区域内连接在相同网关上的智能对象数量来进行判断的（往往是拥有相同通信需求的智能对象数量）。

1.4.1.2　物联的通信网络层

1. 接入网子层

接入网子层的接入技术与距离紧密相关。例：蜂窝网络旨在实现 5km 范围之外的传输，但是蜂窝网的传输也可以在更多的距离之内实现（如 100m）。相对而言，ZigBee 旨在数十米范围之内实现高效传输，根据不同技术预计的传输范围，我们可以用不同的名称来对这些技术进行归类，这些名称可以说明在这个范围内收集数据的环境以及垂直位置。常见的分组方式包括：

（1）PAN（个域网）：范围仅数米。这是围绕着一个人身边的个人空间。这个范围的常见无线技术为蓝牙。

（2）HAN（家用网络）：范围为数十米。在这个范围内，常见的物联网无线技术包括 ZigBee 和低功耗蓝牙（BLE）。

（3）NAN（领域网）：范围为几百米。NAN 往往用来指在几座楼宇之间收集数据。

（4）FAN（现场域网）：范围从数千米到数百米不等。FAN 一般指大于几栋楼宇的户外区域，可以视为是一个“开放区域”（因此属于非安全区域，而且也不受控制）。FAN 还时常被视为是一组 HAN，或者一组更小的户外区域单元。在交流当中，FAN 和 NAN 有时候可以替换使用。在大多数情况下，垂直环境就足以清晰地判断这个网络属于哪种分类了。

(5) LAN（局域网）：范围最长为100m。这个概念在网络领域相当常见。因此当在IoT中使用标准网络技术（如以太网或者IEEE 802.11）时，这个概念也十分常用。其他网络分类技术［如MAN（城域网，范围为数千米）和WAN（广域网，超过数千米范围的网络）］也在IoT环境中十分常用。

距离相似并不代表使用的协议和技术特征相近。每项协议都会在特定频率（或带宽）上使用一个特定数据帧结构和传输方式。由于不同技术的特征各不相同，因此它们之间也会存在很多差异。

传输距离类似并不代表拓扑结构类似。有些技术可以提供更加灵活的连接结构，以便增加通信的可能性。

2. 网关与回程子层

从一台物联网设备那里收集到的数据可能需要转发给中心站点，让中心站点来处理这些数据。由于这类站点往往与物联网设备处于不同的地理位置，所以通过接入技术直接从传感器那里接收到的数据需要转发给另一个媒介（回程）并且传输到中心站点。网关负责处理中介间的通信。

在大多数情况下，物联网设备都是有限区域内的固定或者移动设备，而网关往往是固定设备。不过，有些物联网技术并不会采用这个模型。例如，专用短程通信（DSRC）支持从车辆到车辆以及车辆与基础设施之间的通信。在这个模型中，物联网设备与网关之间的相对位置就是固定的。车内会包含多个传感器和一个网关。传感器与网关之间的通信可能会采用有线或者无线技术。传感器也有可能与道路基础设施进行集成，通过一种有线或者无线技术连接到道路一端的网关。无线技术（DSRC工作在5GHz以上的范围）会用于车辆之间的回程通信、对等体间通信，或者互联通信。

在DSRC环境中，整个“传感器区域”都会沿着网关进行移动，但互联网连接的原则仍然保持不变。DSRC可以通信的范围是有限的。同样，对于所有其他DSRC架构而言，回程技术的选择都取决于通信距离，以及需要转发的数据总量。当物联网设备的操作是由本地站点控制时，在整个环境都是稳定的情况下（例如，工厂或者油气田），可以使用以太网作为回程技术；在不稳定或者多变的环境中（例如露天矿环境），无法安全地铺设线缆，这时就应该使用无线技术。在这类环境中，Wi-Fi 是最常用的技术，而且传感器区域和操作中心之间也会间隔很多跳。在多变的环境中，互联拓扑是常用的拓扑，因为互联拓扑的通信结构更加灵活。不过，吞吐量不仅会随着距离的增加而减小，也会随着跳数的增加而减少。在典型的 Wi-Fi 互联网络中，每增加一跳，吞吐量都会减半。有些技术（如 802.11ah）则会为了适应物联网环境而以低频率实施 Wi-Fi（低于 1GHz 而不采用典型 Wi-Fi 的 2.4 GHz/5 GHz），这样做的目的是为了增加传输范围（最远可达 2km）。如果超出了这个范围，则需要使用其他技术。

WiMAX（802.16）就是长距离技术的一种。WiMAX 可以以最高 70Mbit/s 的速率实现范围最远 50km 的通信。显然，最远距离和最大速率不可得兼。可以认为 70Mbit/s 速率的通信只能在较短范围内建立起来，而最大范围内的速率只能达到 2-3Mbit/s。802.16d（也称为固定 WiMAX）描述了协议回程的实现方式。此后，这个技术发布了修改版本（802.16.1），但大多数 WiMAX 网络仍然在实施 802.16d 的变种。802.16 可以在未许可频率上工作，但它的回程功能往往会部署在更可靠的许可频率上，这样来自其他系统的干扰才能更加可控。

鉴于许可频率表示需要支付使用费用，因此在类似的范围中，其他蜂窝技术也已经成长为了很有竞争力的回程技术解决方案。选择 WiMAX 还是蜂窝技术取决于垂直面和位置（本地优先级、本地成本）。

3. 网络传输子层

在分层的通信架构中大量物联网设备都会向网关发送报告，而网关会将报告的数据通过另一个媒介发送给一台中央站点。不过，实际的实施方案往往都很灵活，会有多条通信路径。比如能源网的物联网环境，一栋住宅中的电能表可能会通过无线技术将能耗情况发送给一台网关，这个区域的其他住宅（NAN）也会将相同的报告信息发送给一台或者多台网关。这个环境中要传输的数据量不大，而且时间间隔巨大（比如每小时只发送 4 次报告）。因此，这是一个低移动性、低吞吐量类型的数据结构，传输距离最大在1英里左右。有很多技术（如802.11ah、802.15.4或LPWA）都可以用来在这个区域进行数据收集。其他社区可能也会用类似的方式来建立连接，这样也就连接形成了一个FAN。

例如，电力公司的头端应用服务器可能是分区的，网关可能会将数据通过某种有线或者无线回程技术进行发送。这类结构看上去就是分层的。不过在实际使用当中，这类物联网系统可能会产生更多的上游报告数据。如果网络的能耗变得很高，那么电力公司的头端应用服务器可能就需要住宅的电能表可以以更短的时间间隔来按需提供报告了，这样才能满足能耗的需求。从标准的垂直推送模型来看，这种传输结构其实已经发生了变化，成为双向传输（即成为下游收集模型而不是上游推送模型）。

分发自动化（DA）也可以让电能表与邻居的电能表或者电力分发网中的其他设备进行通信。通过这样的通信，能耗的负载分担结构就可以得到优化。比如说，房子里面的空调可以有节奏地以某个时间间隔来向房子里面输送新风。通过DA，当一栋房子的系统暂停的时候，邻居的新风系统就会启动；通过这种方式，两栋楼里面的空气都可以保持新鲜，而网络中的能耗也可以保持稳定，流量并不会因为随机的起始点而时大时小。这里必须再次强调，传输模型是变化的。从垂直的结构来看，这种网络结构正在变成互联结构，对等体与对等体之间会有多组信息交互路径。

同样，房子中的智能电能表可能会与房间中的设备进行通信，来判断这些设备的类型和耗能。通过这种方式，房子里面的洗衣机可以在其他系统（比如电灯）能耗较低的时间启动，而家庭影院则一直可以获得电源，只要房主需要就可以使用。一旦系统学习到了这栋房子的能耗模式，那么系统就可以以某个时间间隔来给机动车充电，这样既可以过夜充电，也不会造成能耗高峰。在这些功能出现的时候，传输模型还会再次发生变化。互联系统可能会出现在整个房屋的范围内。此时比较常见的情况是，系统会建立部分互联，让一些中央节点连接到其他多个节点。数据可能会在本地流动，或者由一个中央应用来进行编排，来协调多个房屋的能耗计划。

在这类智能系统中，汽车的充电系统会连接到用户的能源账户。当车主将车辆连接到一个公共充电站的时候，这辆车就会登录到这个系统中，让系统识别自己的身份并且连接到用户账户。中央系统会以一定的时间间隔来查询所有的充电站来更新状态。在这种传输模型中，这种传输结构会在一定程度上失去自己的垂直结构，因为用户可能会从任何位置发起连接。在一个被管理的环境中，头端系统需要对电能表中的软件进行更新，就像设备厂商可能需要更新烤箱或者洗衣机上的智能能耗软件一样。这样一来，就从一个自底向上的数据传输流作为起点，实现了一个自顶向下的数据流。

因此，这种通信结构可能会包含一个对等体到对等体（比如电能表对电能表）、点到点（电能表到头端站点）、点到多点（网关或者头端站点到多个电能表）、单播与组播通信（向一个或多个系统提供软件更新）。在一个多宿主环境（如电力和天然气消耗管理环境）中，不同的系统可能会使用相同的通信路径。这种通信会通过多个媒介进行传输（比如房屋中的电线或者某种短距离的无线系统，如户内 Wi-Fi 和/或 ZigBee），一个用来连接网关的较长距离无线系统，另一个用于实现回程传输的无线或者有线介质。

为了实现这样的通信结构，需要实施具有某种特征的网络协议。这种协议需要是一种开放的、标准化的协议，这样才能满足多个行业和各类不同的媒介。扩展性（让一个网络可以部署成千上万直至上百万的传感器）和安全性同样是最为常见的需求。

IP 协议非常灵活，这个协议能够内嵌到许多差异巨大的设备当中，能够通过很多大不相同的媒介来交换信息（包括低功率、有损和低带宽网络）。例如，RFC 2464 描述了 IPv6 数据包是如何封装在以太网数据帧当中，并且用于 IEEE 802.11 Wi-Fi 的。同样，IETF 6LoWPAN 工作组也描述了如何通过有损网络来高效地传输 IPv6 数据包，这就给 IPv6 建立了一个“适应层”，这类技术主要用于互联网环境。本书第 4 章会详细介绍 6LoWPAN 及其功能。

最后，可以利用在 IP 之上的传输层协议（UDP 和 TCP）来判断是由网络来控制数据包传输（通过 TCP），还是让应用来执行控制任务（通过 UDP）。与 TCP 相比，UDP 是一个非常轻量级、同时也非常快速的协议。

但是这个协议并不给数据包传输提供任何保障。TCP 和 UDP 可以使用 TLS/SSL（TCP）或者 DTLS（UDP）来提供保护。

4. 物联网管理子层

IP、TCP 和 UDP 都可以给物联网环境提供连通性。上层协议需要负责处理物联网设备和其他系统之间的数据传输。人们可以利用或者定义很多协议来解决物联网的数据通信问题。其中有些网络使用的是推送模型（即传感器以一定的时间间隔或者在触发的情况下发送报告），有些网络则使用的是收集模型（即应用通过网络向传感器发送查询），同时人们也可以使用混合的方式。

按照 IP 的逻辑，有些物联网实施者建议在数据传输阶段使用 HTTP。毕竟，HTTP 天然拥有客户端和服务器的组件。传感器可以使用客户端来向物联网中央应用（即服务器）来建立连接，然后数据才能进行交换。在一些物联网应用中可以找到 HTTP，但 HTTP 总是属于一种胖协议，它的初衷并不是在一个受到限制、低内存、低带宽、高丢包率的环境中使用。除了这些限制条件之外，也有人提议用其他网页协议来用于物联网环境。其中一个示例就是 WebSocket。WebSocket 是 HTML5 标准中的一部分，它可以通过一条连接来建立一个简单的双向连接。有些互联网解决方案会使用 WebSocket 来管理物联网设备与外部应用之间的连接。

WebSocket 经常会和其他协议结合起来使用（如 MQTT，这个协议本书稍后会进行介绍），以便解决那些物联网环境中存在的典型通信问题。

通过复用一些常见方法，人们创建出了 XMPP（可扩展通信和表示协议）。XMPP 是基于即时消息和表示的一种协议。它可以在两个或两个以上的系统之间交换数据，同时可以维护表示和联系人列表。此外，这种协议也可以处理发布/订阅的需求，因此这个协议很适合用来向多台设备发布信息。XMPP 的限制在于它依赖 TCP 协议，因此 XMPP 可能会用强制订阅方来维护与其他系统之间的开放会话，这会给那些本身内存不高的物联网设备带来问题。

为了解决网页协议带来的限制，IETF CoRE（Constrained Restful Environments）工作组创建了一项新的协议CoAP（受限应用协议）。CoAP使用了一些与HTTP类似的方式（如Get、Post、Put和Delete），但是CoAP采用了更短的列表，这样可以限制头部的长度。CoAP也会基于UDP运行（而HTTP一般会使用TCP作为传输层协议）。CoAP也加入了一个HTTP并不具备，但是对物联网相当重要的特性，即观察（observation）。观察可以让状态的变化按照流的方式传播，而不需要接收方去查询状态的变化。

在中高层使用的另一项常见的物联网协议是消息队列遥测传输（MQTT）。MQTT使用的是一个基于代理的（broker-based）架构。传感器可以设置为MQTT的发布方（负责发布信息），需要接收这类信息的应用可以设置为MQTT订阅方，而所有的中间系统都可以设置为代理，在发布方和订阅方之间传递信息。MQTT会以TCP作为传输协议。依赖TCP的结果是，MQTT客户端往往会始终让自己与代理之间的连接处于开放状态。对于那些丢包率高或者计算资源有限的环境中，这可能会成为一个限制因素。

1.4.1.3 物联的应用与分析层

一旦连接到网络，物联网设备就会与其他系统之间交换信息。一旦这个物联网的传感器数量增加，物联网的功能就会在那些（利用了物联网设备之间交换数据的）应用中体现出来。

很多应用都可以增加物联网网络的效率。每个应用都会收集数据，并且根据分析这些数据的结果来提供一系列的功能。我们很难对这些特性进行比较。从架构的角度来看，可以采用以下基本的分类方式：

1. 分析型应用

这类应用会从多个物联网设备那里收集数据，处理收集到的数据，并且显示处理的结果。显示的信息可能涉及物联网的方方面面，从历史报告、统计数据或者各个系统的状态趋势不一而足。这里最关键的地方在于，应用处理这些数据是为了展示网络的一副完整的图景，这个图景不是只查看某一台物联网设备显示出来的信息就可以了解到的。

2. 控制型应用

这类应用可以控制物联网设备的行为，或者与物联网设备相关的某个对象的行为。例如，一个压力传感器可能会与一台泵连接在一起。当泵连接的传感器检测到压力下降的时候，控制应用就会增加泵的速率。控制应用十分适合控制物联网中一些复杂的领域，也就是按照那些很难编程到某一个物联网设备中的逻辑来执行控制的领域。这里所说的很难编程到某一个物联网设备中，有可能是因为要配置的变更过于复杂，无法由某一台本地设备执行，也有可能是因为要配置的变更必须依赖于其他物联网设备的参数才能执行。

1.4.1.4 数据与网络分析

分析是一个通用术语，描述的是让收集到的信息能够表意的信息处理过程。在物联网领域，分析功能可以分为数据分析和功能分析两种类型。

1. 数据分析

数据分析是处理由物联网设备收集到的数据，并且将它进行组合，以便提供一个相关于这个物联网系统的智能视图。在最基本的层面，当一个重量传感器检测到商场里的一个货架已空时，通过一个面板就可以显示出告警信息。在一个比较复杂的环境中，通过数以千计的传感器收集到的温度、压力、风力、湿度和灯光强度等信息，都可以汇总到一起，然后通过处理来判断发生了风暴的可能性，以及风暴可能的路径。在这种情况下，数据处理可能会非常复杂，需要通过复杂的算法组合各类不断变化的数值进行计算。数据分析也可以监测物联网系统本身。例如，电能表的真正价值在于那些电能表管理系统（MMS）读取到的那部分测量数据。不过，如果从另一个角度来看待那些原始的轮询数据，这些信息可能就会非常重要。例如，一家公用事业企业可能有上百万门电能表，这些电能表覆盖了这家公司提供服务的整个区域。如果智能电网覆盖的整个区段都显示电能表的连接断开，就可以对这些数据进行分析，并且将这些数据和其他数据源（如天气预报和电网的电力需求）结合起来，一次判断这次故障的成因。这类信息可以帮助人们判断电能表连接中断是不是表示真的存在电力损失，还是说电网中出现了其他问题。此外，分析这类数据可以帮助这家公用事业企业发现服务中断的原因，并且迅速修复故障。

2. 网络分析

大多数物联网系统都是围绕着连接网络的智能设备构建起来的。连接断开或者连接效率下降都有可能导致系统的整体效率受到影响。这种连接断开造成的影响可能相当大。例如，露天矿区会使用无线网络来自动驾驶翻斗车，如果连接长时间断开，有可能造成矿区事故或者给矿区的工作效率造成影响（因为在连接断开的时候，自动驾驶的翻斗车一般都会停止工作）。在一个比较小的范围中，连接断开表示数据分析平台不会再接收到数据了，系统也不会继续对物联网系统进行智能分析，于是控制模块也就无法再去修改物联网设备的操作了。

大多数分析应用都会同时使用数据和网络分析模块。在架构一个物联网系统的时候，需要分别评估使用这两种模块的必要性。对于互联系统而言，网络分析是必要的，但分析的深度则取决于具体的案例。如果物联网设备只是偶尔需要报告状态，并不需要立刻针对报告采取行为，那么基本的连接视图就已经很足够了；如果需要中央应用在几乎是实时的连接系统中执行操作，就需要执行具体分析和网络性能趋势判断。

与网络分析相比，数据分析空间广阔，而且灰色区域巨大（关于需求的灰色区域）。基本系统分析可以提供系统状态分析和状态趋势分析的视图。更高级的系统可以优化收集到的数据，并且显示一些关于系统的其他信息。收集和处理的数据类型因具体使用环境的不同而存在巨大的差异。

1.4.2 物联网数据管理与计算堆栈

事实上，物联网传感器生成的数据才是搭建物联网系统时最大的挑战。在最新的IT网络中，发端于一台计算机或者一台服务器的数据往往是由客户端/服务器这种通信模型产生的，这类数据可以满足应用的需求。在传感器网络中，绝大部分数据都是非结构化的，这些数据本身几乎没有任何用处。

在大多数情况下，数据处理的进程都是在物联网设备之外执行的。数据处理的天然位置是在云端完成。智能设备需要连接到云，数据需要以集中式的方式进行处理。这个模型的一大优势就是简单。物联网设备只需要连接到一个中央的云应用即可。应用可以看到全部的物联网节点，而且可以处理所有我们在今天或者未来需要进行的数据分析。

不过，这个模型也有缺陷。当数据量增大，联网之“物”种类增加，且人们对效率的要求进一步提升时，就会出现新的需求，而这些新的需求往往会要求执行数据分析的位置更加贴近物联网系统。因此，在设计的时候，一项重要的考量因素在于如何设计出一个物联网，来以高效的方式管理如此海量的数据，这样数据才能迅速得到分析，而分析的结果也能够直接作用于商业利益。物联网设备所生成的海量数据可以轻而易举地让数据中心或者云中的头端系统难以为继。例如，一个中等规模的智能电能表网络包含一百万台电能表，这样一个网络每天可以生成近十亿个数据点（包括读表和其他控制数据），由此产生的数据量将达 1TB 之多。对于一个无法实时分析和储存如此海量数据的 IT 机构而言，这会造成巨大的问题。

1. 雾运算

解决前面这种问题的方法是在整个物联网系统中分发数据管理，越贴近 IP 网络边缘越好。物联网中最有名的边缘服务是雾运算（Fog Computing）。任何具有计算、存储和网络连接功能的设备都可以是一个雾节点。雾节点包括控制器、交换机、路由器、内嵌的服务器和物联网网关。在贴近物联网数据连接的位置对这些数据进行分析可以降低延迟，不让大量网络流量流向核心网络，让敏感数据停留在本地网络当中。

雾服务一般会在非常接近边缘设备的地方完成，执行的位置会尽可能接近物联网端点。这样做的一大好处在于，雾节点可以感知到其管理的传感器所处的环境，因为节点在地理位置上非常接近传感器。例如，在一个石油井架上的一台雾路由器会负责管理这个位置之内的所有传感器活动。由于这个雾节点可以对井架上所有传感器发来的信息进行分析，因此它可以对它接收到的消息执行环境分析，甚至可以只把相关信息通过回程网络发送给云。通过这种方式，雾节点可以执行分布式分析，这可以大大减少发送给上游网络的数据。因此，这对于云端的应用服务器和分析服务器非常重要。

此外，能够感受环境，这让雾节点可以对物联网中的事件快速作出响应，其响应的速度远比传统 IT 计算模型的响应速度要快得多，后者的延迟和响应时间要长很多。因此，雾层可以提供分布式的边缘控制环路功能，在边缘对设备进行实时的监测、控制和分析，而不需要与云端的中心分析与应用服务器进行通信。

雾计算的特征包括：

（1）可感知环境位置和低延迟：雾节点的位置会尽可能贴近物联网节点，其目的是为了实现分布式计算。

（2）在地理上更加分散：雾节点的目标服务与应用需要采用分布式的部署方式，这一点与更加集中化的云部署方式形成了鲜明对比。

（3）部署在接近物联网节点附近：雾节点往往部署在存在大量物联网节点的环境中。例如，在计量系统部署环境中，每台网关路由器往往连接有 3000～4000 个节点，而网关路由器则会在这个环境中充当雾计算节点。

（4）雾与物联网节点之间使用无线通信：虽然雾计算也可以连接有线节点，但是在处理大量端点设备的情况下，雾的优势才最为明显，而无线接入是实现扩展规模的最简单方式。

（5）用于实现实时信息交互：重要的雾应用都包含了实时交互这一特点，而不是执行批处理。在雾节点预处理数据可以让上层应用只对一部分数据执行批处理。

2. 边缘运算

雾计算解决方案已经为许多行业所接纳，人们在开发分布式应用与分析工具方面也越来越积极。雾节点在网络中的天然位置就是位于那些距离物联网端点最近设备中，而这些雾节点往往遍布于整个物联网网络中。不过，在最近几年，物联网计算的概念已经被推广到边缘之外。在有些情况下，雾节点就直接位于传感器和物联网设备当中。

物联网设备和传感器上的资源往往比较有限，不过所有设备的计算能力已经今非昔比。至少，有些新的物联网端点有足够的计算资源可以执行低级别的分析和过滤功能，来帮助这些设备作出决策。以一个消防栓上安装的水力传感器为例进行说明，配电网中某个导电柱上安装的雾节点可能掌握本地范围内所有消防栓的信息，而每个消防栓上的节点都能够发现水压低于警戒线，并且能够快速发出故障告警。雾节点的视野更广，它们能够判断出问题是只影响一个局部，还是正在对整个区域构成威胁。部署智能电能表也是这种情况，边缘有计算功能的电能表可以相互通信，这样配电网中就有一小部分设备之间就可以共享信息，以便监测本地电力质量与耗电情况，这些设备可以将那些有可能只与电网中一小块区域有关的事件通知给雾节点。这类模型都可以保障电能可以以最高质量传输给用户。

1.4.3 物联网应用层协议

在考虑受限网络和/或大规模部署受限节点时，冗长的基于 Web 和数据模型协议对于物联网应用程序来说可能太重了。为了解决这个问题，物联网行业正在研究新的轻量级协议，这些协议更适合于大量受约束的节点和网络。最流行的两种协议是 CoAP 和 MQTT。

1. CoAP

受限应用程序协议（CoAP）是 IETF 受限 RESTful 环境（CoRE）工作组为面向资源的应用程序开发一个通用框架的结果，该框架的目标是受限节点和网络。

CoAP 框架定义了操作用于数据或设备管理的传感器和执行器的简单而灵活的方法。IETF 核心工作组发布了多种 CoAP 标准跟踪规范。

2. MQTT

消息队列遥测传输（MQTT）是一个可靠的、轻量级的、且经济有效的协议，用于控制大量来自一个中央服务器的位置的传感器和数据。这种协议由石油和天然气工业开发和实现，其基于石油和天然气行业的恶劣环境，设计了这种非常简单的、只有几个选项协议。这个协议考虑了受限节点、不可靠的广域网回程通信和具有可变延迟的带宽约束。

1.4.4 物联网与数据通信应用场景案例

在许多情况下，计费公司只是电力供应链最后一公里的一部分。电力输送一般分为发电、输电和配电三个阶段，在世界上许多地方，这些阶段由完全不同的公司或至少是一家大型电力公司的独立部门提供支持。

（1）发电。发电是指产生电力。电力生产通常包括核能、水力发电、火力发电等。电力一旦生产出来，一般都需要通过高压输电线路输送到输电系统。发电公司还负责对终端用户波动的电力需求做出响应。

（2）传输。电力传输需要长距离的高压电力，一般为115kV及以上，传输距离为50km及以上。输电线路包括在水下长距离传输高压电力的架空线路和海底电缆。输电系统负责将整个服务区的高压线路从发电站连接到变电站。

（3）配电。配电包括从变电站到客户家庭或企业的公用网络部分。这包括中压（如12.5kV）电力线和变压器。在你家附近的变压器上，电源降压至低压，通常对终端用户的电压为几百伏特。需要注意的是，北美和欧洲的配电网络模型之间存在一些差异。例如，在欧洲，经常看到二级变电站。另外，欧洲的低压是240V，北美是110V。

这里以办公大楼为例描述物联网与数据通信楼宇的功能，办公大楼需要给工作人员提供一个舒适、高效而又安全的工作环境：工作区域应该采光良好，同时温度适宜。火警系统和灭火系统都应该善加管理，门和物理安全报警系统也是一样，大楼部署传感器来检测员工的位置，当很多人在一个房间中移动时，移动检测传感器可以提供准确的检测，并且在人们全都离开这间房间的时候将灯关掉。通过传感器来控制暖气系统、通风系统和空调系统（HVAC），温度传感器遍布于楼宇的各个位置，它们的作用是影响楼宇管理系统（BMS’s）对房间中气流的控制。这个应用场景就是通过楼宇自动化系统（Building Automation System，BAS）将照明、火警、检测和访问控制系统置于同一个管理系统中，这些系统可能都支持将很多不同类型的传感器和连接到BAS当中，这些系统需要汇集在网络层，并且支持一个能够集成应用层的公共服务层。

简言之，楼宇可以通过同一台以太网交换机来同时提供 IT 通信和 BACnet 连接。这种标准化方式也给人们使用网关设备作为结点连接 IP 网络保留了可能性。

这种技术当中的一大应用就是“数字天花板”。“数字天花板”并不只是一个照明控制系统，这种技术包含了楼宇中很多不同的网络（其中包括照明系统、HVAC、电动窗帘、闭路电视和安保系统），并且它将这些网络都组合到了 IP 网络当中。

智能天花板技术的核心是照明系统，照明市场目前正在经历向 LED 照明的重大转折期。与传统的照明方式相比，LED 能耗更低，使用寿命更长。LED 产品的低能耗需求使得这类照明产品能够支持 PoE（以太网接口供电），这也就使它们能够直接连接到标准的网络交换机上。

在一个数字天花板环境中，每个照明设施都直接与网络相连，它们通过相同的基础设施提供控制与电能。照明领域由传统照明过渡到 LED 照明意味着人们现在可以在一个融合网络中包含照明系统，让照明系统和其他由 IT 网络管理的系统一起成为楼宇管理系统的组成部分，这个管理系统可以支持语音、视频和其他的数据应用。

物联网智能照明系统给工作环境带来了变化。它不仅可以根据用户的实际位置和建筑的使用率来优化照明效果，还可以让人们更加准确地控制温度，管理烟雾与火灾检测装置、视频摄像头和楼宇的访问控制系统。物联网可以让这些系统接入同一个网络，这不仅可以节省安装时间，而且可以节省安装成本。

在本书所列出的案例场景中，设备命令行输出有一系列指令，该指令以思科设备命令行输出为例编写，特此说明。

2
交换技术

计算机网络交换技术（Computer network switching technology）指的是对数据交换进行实施的技术，通常将数据在通信子网中各节点间的数据传输过程称为数据交换。交换技术是整个园区网络的基础架构设施，同时也为物联数据做转发，OT数字化后，都将被IT的各种协议所承载。后续几个章节将深入介绍协议的细节，通过案例的方式让读者了解IT协议是如何工作的。

2.1 交换技术简介

随着企业网络的发展，越来越多的用户需要接入到网络，交换机提供的大量接入端口能够很好地满足这种需求。同时，交换机也彻底解决了困扰早期以太网的冲突问题，极大地提升了以太网的性能，同时也提高了以太网的安全性。

2.1.1 交换网络基础

交换机中有一个MAC地址表，里面存放了MAC地址与交换机端口的对应关系，MAC地址表也称为CAM（Content addressable memory）表。

1. 交换机的转发方式

交换机采用的转发方式有泛洪和转发两种。

(1) 泛洪：交换机把从某一端口接收的帧转发到所有的端口，这里提到的“所有的端口”是指除了这个帧进入交换机的那个端口以外的所有端口。

(2) 转发：交换机按照MAC地表把从某一端口进来的帧通过另一个端口转发出去。

2. 交换机的基本工作原理

(1) 交换机第一次开机，如果进入交换机的是一个单播帧，交换机记录这个帧的MAC地址和端口的对应关系，接着执行泛洪操作。

(2) 相同广播域中，目标MAC的主机接受该帧并回应，那么交换机也记录该 MAC 和端口对应关系。

(3) 后续的通信将按照 MAC 地址表进行单播通信。

(4) 如果进入交换机的是一个广播帧，则交换机不会去查 MAC 地址表，而是直接执行泛洪操作。

(5) 如果进入交换机的是一个组播帧，而交换机开启了对组播的支持，则转发到特定的一组端口，否则将以广播的形式转发组播。

交换机的基本工作原理如图 2-1 所示。

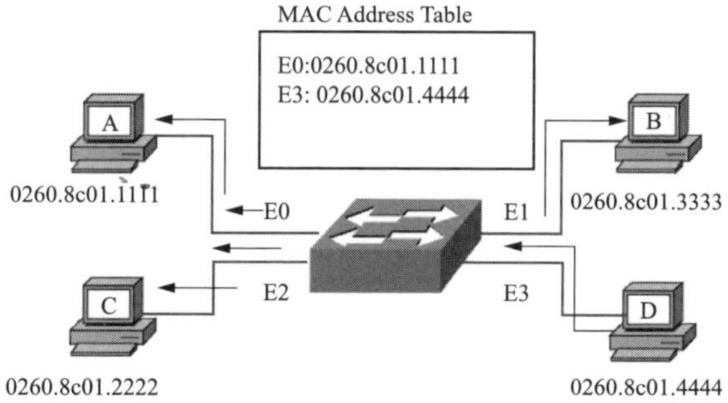

图 2-1 交换机的基本工作原理

2.1.2 STP 原理与配置

为了提高网络可靠性，二层交换网络中通常会使用冗余链路，然而，冗余链路会给交换网络带来环路，产生多帧拷贝现象、广播风暴和 MAC 地址表不稳定等问题，导致不可预知的通信结果。

STP 是生成树协议（Spanning tree protocol）的英文首字母缩写，该协议应用于在二层冗余网络中有选择性地逻辑阻塞某些端口，消除网络中的环路，并且可以通过一定的方法实现路径冗余。生成树协议提高了二层网络可靠性的同时又能避免环路带来的各种问题。

生成树协议适合所有厂商的网络设备，不同厂商在实现生成树协议时有不同程度的修改，在学习的过程中以标准生成树的工作原理为基础，在配置上和体现功能增强方面，参照厂商手册实施。

标准生成树协议工作原理流程如图 2-2 所示。

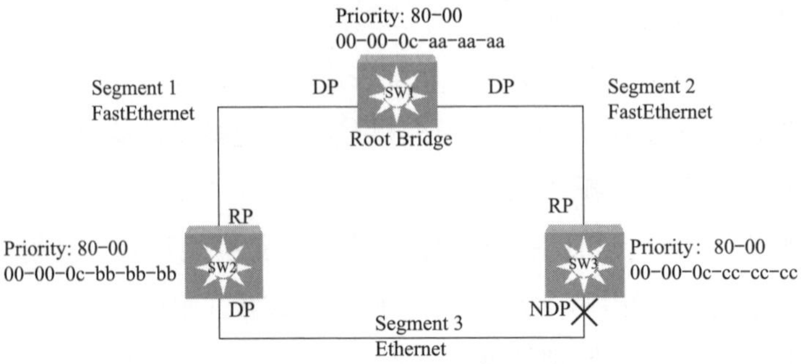

图 2-2 标准生成树协议工作原理流程图

（1）选举一个根桥，每个交换域选取唯一的一个根桥 RootBridge；

（2）每个非根交换机选举一个根端口 RP；

（3）每个交换机间互联网段都选举一个指定端口 DP；

（4）阻塞非根、非指定端口 NDP。

其中，关于根桥选举，每一台交换机启动 STP 后，在发出的 BPDU 相关字段把自己设置为根桥，通过交换 BPDU，比较彼此 BGPDU 字段中的 ID 字段部分，这个 ID 由优先级和 MAC 地址组成。先比较优先级，如果对方优先级比较小，则替换本地 BPDU 字段中的根桥 MAC 和优先级；如果双方优先级相等，则比较 MAC 地址，MAC 地址比较小的，替换 BPDU 字段中的根桥，直到全网比较完毕，选举出唯一的一个根桥。一般地，根桥也称为根交换机。

接下来是根端口选举，非根交换机仅选一个端口作为根端口，选举标准是这台交换机到根交换机开销最小的端口；如果多个端口到根交换机开销相同，则比较对方发送者桥 ID；如果发送者 ID 一致，则发送者的端口优先级和端口编号，默认情况下端口优先级一致，最后由端口编号比较小的决定为根端口。

第三步是指定端口选举，交换机间互联线路上选择一个接口为指定端口（DP），非根交换机在选举指定端口时比较的顺序和依据是到根的路径开销、本地的桥 ID，即包含优先级和 MAC，选择一个小的为指定端口。

最后，未被选举为根端口或指定端口的端口为预备端口，被置于阻塞状态，不转发数据，但是仍然转发 BPDU。

需要强调的是，一个端口状态流程是从 disable→listening→learning→forwarding→block；其中 listening→learning 表示监听状态，发送 BPDU，进行生成树选举。learning→forwarding 表示学习状态，将接口下的主机 MAC 地址和接口关联形成对应表项，后续收到单播帧就不会产生没必要的泛洪。

上述两个转换的状态延迟为 15s，其他都为 0s，所以总的 disable→forwarding 需要 30s。

2.1.3 RSTP 原理与配置

STP 协议虽然能够解决环路问题，但是由于网络变化生成树重计算过程中网络拓扑收敛较慢，此时网络不能转发数据，而且如果网络中的实验拓扑频繁变化，网络也会随之频繁失去连通性，从而导致用户通信频繁中断。由于 STP 的这些不足，IEEE 于 2001 年发布的 802.1w 标准定义了 RSTP（Rapid Spanning Tree Protocol）。RSTP 在 STP 基础上进行了诸多改进优化，使得协议更加清晰、规范，同时也实现了二层网络拓扑的快速收敛。

RSTP 对 STP 的改进在于 RSTP 定义了两种新的端口角色：备份端口（Backup Port）和预备端口（Alternate Port）。对于预备端口和备份端口来说，这两种端口都是处于阻塞状态的，都是不能转发流量的，那么预备端口是根端口的替代端口，备份端口是指定端口的备份端口。如果这个端口的最优 BPDU 是从对方那里收到的，那么这个端口就是预备端口，如果收到的最优 BPDU 是来自于本身交换机的另外一个接口，那么这个端口就是备份端口，如图 2-3 所示。

在端口状态上，RSTP 也做了重新定义。RSTP 的状态规范把原来的 5 种状态缩减为 3 种：从用户角度来讲，Listening、Learning 和 Blocking 状态并没有区别，都同样不转发用户流量，因此 RSTP 里面把 Disabled，Blocking，Listening 三种状态合并成了一种状态 Discarding 状态，这个状态下不处理用户流量，但是会转发和发送 BPDU。

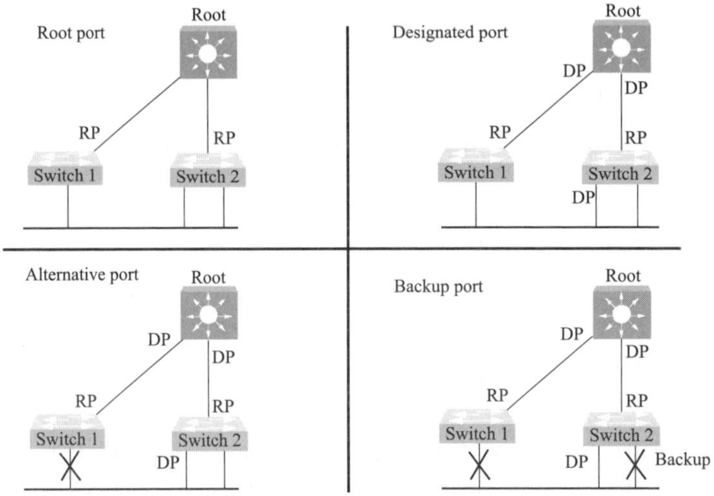

图 2-3 RSTP 原理与配置

2.1.4 MSTP 协议原理与配置

RSTP 在 STP 基础上进行了改进，实现了网络拓扑快速收敛，但 RSTP 和 STP 还存在同一个缺陷：由于局域网内所有的 VLAN 共享一棵生成树，因此无法在 VLAN 间实现数据流量的负载均衡，链路被阻塞后将不承载任何流量，造成端口和线路浪费。为了弥补 STP 和 RSTP 的缺陷，IEEE 于 2002 年发布的 802.1S 标准定义了 MSTP（Multiple Spanning Tree Protocol），MSTP 兼容 STP 和 RSTP，既可以快速收敛，又提供了数据转发的多个冗余路径，生成树实例的根灵活配置在不同交换机上，在数据转发过程中实现 VLAN 数据的负载均衡。

在 MSTP 中，生成树作为实例来运行，一个实例对应 VLAN 的一个集合，通过将多个 VLAN 映射到一个实例，可以节省维护生成树通信开销和资源占用率。MSTP 各个实例拓扑的计算相互独立，通过调整实例的优先级，使实例的根分布在不同交换机上，数据 VLAN 就实现了负载均衡。

（1）MSTP 的网络层次：一个二层交换网络可以划分多个 MST 域，

每个生成树域可以划分多个实例，每个实例中可以映射多个 VLAN，如图 2-4 所示，VLAN1-500 映射到实例一，VLAN501-1000 映射到实例二。

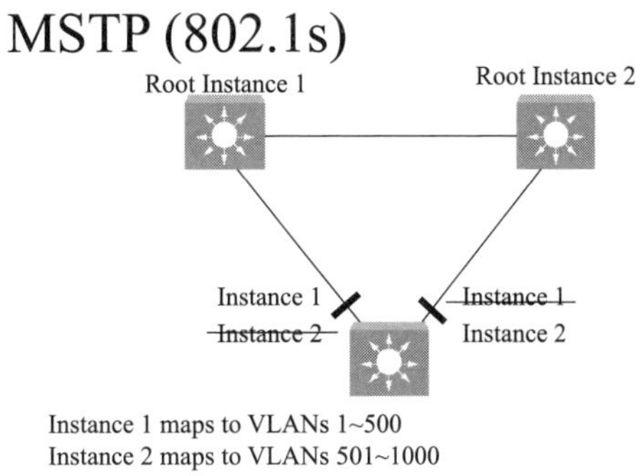

图 2-4　MSTP 协议原理与配置

（2）MST 域：MST 域是多生成树域，由局域网中的多台交换机及它们之间的网段构成。一个局域网可以存在多个 MST 域，各 MST 域之间在物理上直接或间接相连。用户可以通过 MSTP 配置命令把多台交换机划分在同一个 MST 域内，MST 域中的交换机都启用了 MSTP，配置了相同的域名及 VLAN 映射表。

（3）MSTI：一个 MST 域内可以运行多个生成树实例，彼此独立，MSTI 可以与一个或者多个 VLAN 对应，但每个 VLAN 只能与一个 MSTI 对应。

（4）端口角色：MSTP 中的端口角色主要有根端口、指定端口、预备端口、备份端口和边缘端口。除边缘端口外，其他端口角色都参与 MSTP 的计算过程。

2.2　交换技术进阶

2.2.1　链路聚合

链路聚合是在两个设备间使用多个物理链路创建一个逻辑链路的功能，如图 2-5 所示，这种方式不仅可以增加带宽实现负载均衡，还可以起到冗余的作用。这个逻辑链接只要有一条物理链路正常，就可以不间断地工作。链路聚合可以通过思科私有的端口聚合协议（Port Aggregation Protocol，PAgP）或链路聚合协议（Link Aggregation Protocol，LACP）来协商，也可以直接手工定义。

1. PAgP 协议

PAgP 是思科私有的动态链路汇聚协议，通过启用 PAgP 协议，两端

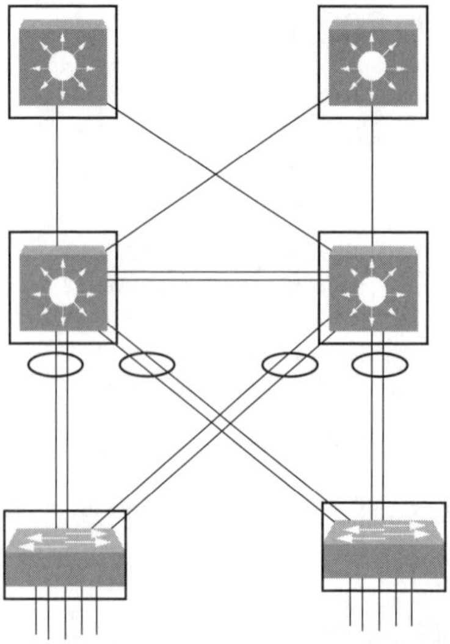

图 2-5 链路聚合

端口通过交换 PAgP 数据包获取对端端口参数，根据这些信息自动形成聚合链路，并指定哪些端口发送 PAgP 包，哪些端口只接收 PAgP 包。这种协议只能在思科设备上运行。

PAgP 协议模式是一种链路聚合模式，使用思科私有的 PAgP 协议进行链路协商以形成聚合链路。这种模式系也有两种端口模式可选，即 auto 和 desirable。跟 LACP 模式下的两种端口模式相似，desirable 模式下不管对端是否支持 PAgP 协议，本端都会启用 PAgP 协议；auto 模式下只有检测到对端设备支持 PAgP 协议，本端才会启用 LACP 协议。

2. LACP 协议

LACP 是基于 IEEE 802.3ad 标准的实现链路动态汇聚与解汇聚的协议，是一种国际标准的链路汇聚协议，大部分厂商设备都兼容。LACP 协议通过 LACPDU（Link Aggregation Control Protocol Data Unit，链路汇聚控制协议数据单元）与对端交互端口信息，进行协商，实现对汇聚的自动化控制。

3. On 模式

使用 On 模式不经过协商（不使用任何链路聚合协议），直接进行强制链路聚合，只要两端端口二层配置一致（端口速率和所属 VLAN 一致），就可以直接将端口加入聚合接口，建立聚合链路。这种模式兼容性强，配置起来也比较方便，在实际中应用也比较多。

4. 链路聚合的负载分担模式

聚合链路可以在多条物理链路上对数据流实现负载均衡，一般可以选择以下 6 种基准进行负载分担：

（1）dest-ip：基于目的 IP 地址进行负载分担。

（2）src-ip：基于源 IP 地址进行负载分担。

（3）dest-mac：基于目的 MAC 地址进行负载分担。

（4）src-mac：基于源 MAC 地址进行负载分担。

（5）src-dst-ip：基于源 IP 地址和目的 IP 地址进行负载分担。

（6）src-dst-mac：基于源 MAC 地址和目的 MAC 地址进行负载分担。

一般默认的是基于源 MAC 地址进行负载分担，二层交换机没有特殊要求的话，保持默认负载分担模式即可。

2.2.2 VLAN 原理与配置

虚拟局域网（VLAN）是一组逻辑上的设备和用户，这些设备和用户并不受物理位置的限制，可以根据功能、部门及应用等因素将它们组织起来，相互之间的通信就好像它们在同一个网段中一样，由此被命名为虚拟局域网。

简单来说，同一个 VLAN 中的用户间通信就和在一个局域网内一样，同一个 VLAN 中的广播只有 VLAN 中的成员才能听到，而不会传输到其他的 VLAN 中去，从而控制不必要的广播风暴的产生。同时，若没有路由，不同 VLAN 之间不能相互通信，从而提高了不同工作组之间的信息安全性。网络管理员可以通过配置 VLAN 之间的路由来全面管理网络内部不同工作组之间的信息互访，如图 2-6 所示。

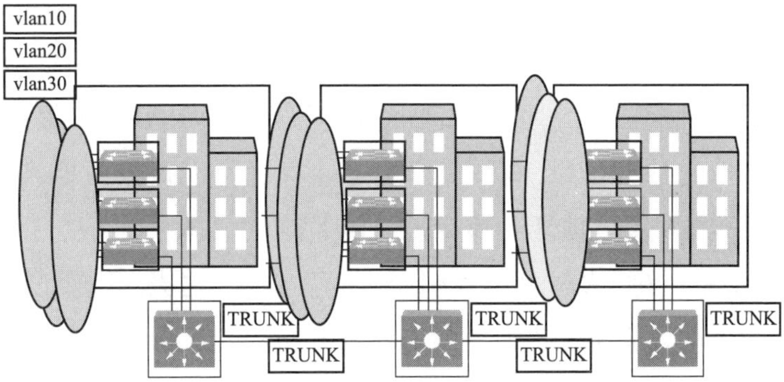

图 2-6　VLAN 原理与配置

1. VLAN 的划分

VLAN 通过以下方式划分：

（1）静态 VALN，也称为基于端口的 VLAN。静态 VALN 是固定不变的，就是明确指定交换机各端口属于哪个 VLAN 的设定方法。这种方法主要的优点就是定义 VLAN 的成员简单明了，思路清楚，直接针对交换机现有的端口设置 VLAN，可以很清晰地看到哪些端口属于同一个 VLAN。但是，由于需要对端口一个一个地进行指定，因此当网络中的计算机数目超过一定数字（比如数百台）后，设定操作就会变得烦杂无比。并且，计算机每次变更所连端口，都必须同时更改该端口所属 VLAN 的设定，很显然静态 VLAN 不适合那些需要频繁改变拓扑结构的网络和大型网络。

（2）动态 VLAN。动态 VLAN 根据每个端口所连的计算机，随时改变端口所属的 VLAN。这就可以避免上述的更改设定之类的操作。动态 VLAN 可以大致分为 3 类：

1）基于 MAC 地址的 VLAN（MAC Based VLAN）：这类 VLAN 通过查询并记录端口所连计算机上网卡的 MAC 地址来决定端口的所属。假定有一个计算机的 MAC 地址为“A”，被交换机设定为属于 VLAN“10”，那么不论 MAC 地址为“A”这台计算机连在交换机哪个端口，该端口都会被划分到 VLAN10 中去。

2）基于子网的 VLAN（Subnet Based VLAN）：这类 VLAN 是通过所连计算机的 IP 地址来决定端口所属 VLAN。不像基于 MAC 地址的 VLAN，即使计算机因为交换了网卡或是其他原因导致 MAC 地址改变，只要它的 IP 地址不变，就仍可以加入原先设定的 VLAN。只要电脑 IP 地址不变，那么它的 VLAN 就不变，这样计算机可以很方便地换交换机端口，也可以改变 MAC 地址，都不影响其所属 VLAN。

3）基于用户的 VLAN（User Based VLAN）：这类 VLAN 是根据交换机各端口所连的计算机上当前登录的用户，来决定该端口属于哪个 VLAN。这里的用户识别信息一般是计算机操作系统登录的用户，如可以是 Windows 域中使用的用户名。这些用户名信息属于 OSI 第四层以上的信息。

2. VLAN的配置

VLAN的配置步骤主要如下：

（1）创建VLANs；

（2）将端口加入到VLAN；

（3）激活trunk，实现跨交换机相同VLAN间访问；

（4）配置虚拟交换接口，启用多层交换功能，实现不同VLAN间的访问。

2.2.3 VTP协议原理与配置

1. VTP协议原理

VLAN中继协议VTP（Vlan Trunking Protocol）是Cisco专用协议，VTP负责在VTP域内同步VLAN信息，这样就不必在每个交换机上配置相同的VLAN信息。VTP最重要的作用是将进行变动时可能会出现的配置不一致性降至最低。

VTP是一种消息协议，使用第2层帧，在全网的基础上管理VLAN的添加、删除和重命名，以实现VLAN配置的一致性。可以用VTP管理网络中VLAN1到1005。有了VTP，就可以在一台交换机上集中进行配置变更，所做的变更会被自动传播到网络中所有其他的交换机上（前提是在同一个VTP域）。为了实现此功能，必须先建立一个VTP域，以使它能管理网络上当前的VLAN。在同一管理域中的交换机共享它们的VLAN信息，并且一个交换机只能参加到一个VTP管理域，不同域中的交换机不能共享VTP信息。

（1）交换机间交换下列信息：管理域域名、配置的修订号、已知虚拟局域网的配置信息。

（2）交换机使用配置修正号来决定当前交换机的内部数据是否应该受从其他交换机发来的VTP更新信息。如果接收到的VTP更新配置修订号与内部数据库的修订号相同域者比它小，交换机忽略更新，否则就更新内部数据库，接受更新信息。

（3）VTP管理域在安全模式下，必须配置一个在VTP域中所有交换机惟一的口令。

（4）VTP 的运行特点：VTP 通过发送到特定 MAC 地址 01-00-0C-CC-CC-CC 的组播 VTP 消息进行工作。VTP 通告只通过中继端口传递，VTP 消息通过 VLAN1 传送（这就是不能将 VLAN1 从中继链路中去除的原因）。在经过了 DTP 自动协商，启动了中继之后，VTP 信息就可以沿着中继链路传送。VTP 域内的每台交换机都定期在每个中继端口上发送通告到保留的 VTP 组播地址。

（5）VTP 通告可以封装在 ISL 或者 IEEE 802.1Q 帧内。

2. VTP 配置

在开始配置 VTP 和 VLAN 之前，必须做一些规划。首先要确定将在网络中运行的 VTP 版本，这将决定交换机是成为已有管理域的成员，还是另外成为其创立一个新的管理域，如果要加入到已有的管理域中，则确定它的名称和口令。然后创建 VTP 域，域名长度可达 32 字符，口令可是 64 个字符长，至少应该有一台交换机被设置为服务器模式。一台交换机不想与网络中的其他交换机共享 VLAN 信息，则可以将它设置为透明模式。建议至少将两台核心交换机设置为 VTP 服务器模式，而将其他交换机设置为 VTP 客户机模式。这样如果交换机掉电了，则它重启后可以从服务器处获得有效的 VLAN 信息。

3. 配置实例

（1）配置 VTP 服务器：

```
switch(config)#vtp domain domain-nameTest
switch(config)#vtp mode server
switch#show vtp status
```

（2）配置 VTP 客户端：

```
switch(config)#vtp domain domain-name Test
switch(config)#vtp mode client
switch(config)#exit
```

（3）配置 VTP 透明模式：

```
switch(config)＃vtp domain domain-name
switch(config)＃vtp mode transparent
switch(config)＃exit
```

(4) 域内的安全、修剪、版本的设置：

1) VTP 口令的配置：

```
switch(config)＃vtp password mypassword
switch(config)＃no vtp passwordTest
```

2) VTP 修剪：缺省情况下，在基于 IOS 交换机的中继产品，VLAN2-1001 都是可修剪的。要在管理域内启动修剪，使用：

a. 启动 VTP 修剪：

```
switch(config)＃vtp pruning
```

b. 指定要修剪的特定 VLAN：

```
switchport trunk pruning vlan vlan-id
```

c. 检查 VTP 修剪的配置：

```
show vtp status
```

2.2.4 VLAN 间路由

一个 VLAN 即是一个广播域，相同 VLAN 内的设备可以直接进行二层通信，而不同 VLAN 的设备无法直接通信。要实现 VLAN 之间的通信，需借助三层设备（具备路由功能的设备），如路由器，或者三层交换机。

1. VLAN 间路由方案一：通过路由器实现 VLAN 间路由

通过路由器实现 VLAN 间路由如图 2-7 所示。

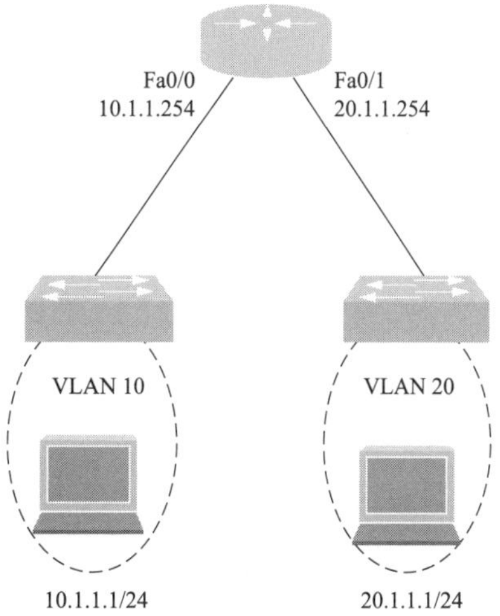

图 2-7 通过路由器实现 VLAN 间路由

(1) 在该场景中，路由器使用物理

接口与 VLAN 对接，每个物理接口为单个 VLAN 服务。

（2）在 SW 的 GE0/0/1 和 GE0/0/2 接口需配置为 Access 类型，因为该接口只加入一个 VLAN。

（3）在 Router 的 FE0/0 和 FE0/1 口分别配 10.1.1.254 和 20.1.1.254 地址。

（4）在 PC 端加入两个网段的路由网关。

这种方案配置虽然简单，但是可扩展性不高。

2. VLAN 间路由方案二：通过子接口实现 VLAN 间路由

通过子接口实现 VLAN 间路由如图 2-8 所示。

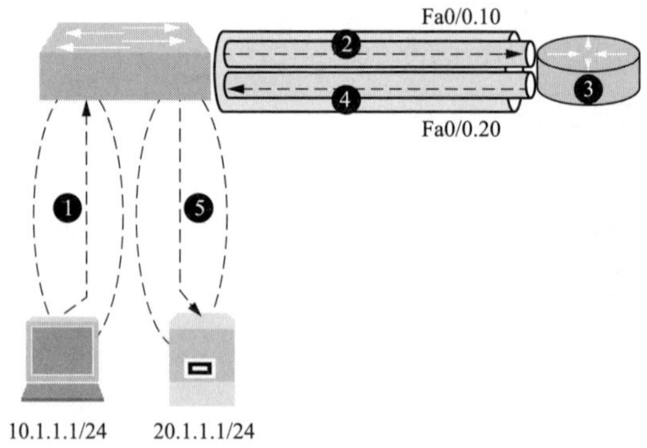

图 2-8　通过子接口实现 VLAN 间路由

（1）PC1 的流量（VLAN 10）进入交换机。

（2）流量穿过 Trunk 链路到路由器，到达子接口 Fa0/0.10（VLAN 10）。

（3）路由器确定去往 PC2 的路由是通过接口 Fa0/0.20。

（4）流量穿过 Trunk 链路到交换机，到达 VLAN 20。

（5）交换机将数据发送给 PC2。

3. VLAN 间路由方案三：通过三层交换机实现 VLAN 间的路由

通过三层交换机实现 VLAN 间的路由如图 2-9 所示。

（1）在该场景中，交换机先配好 VLAN 10 20。

（2）在交换机配好相应物理接口划入 VLAN 10 20。

（3）交换机分别创建 Inter Vlan 10 20。

（4）启用交换机路由功能。

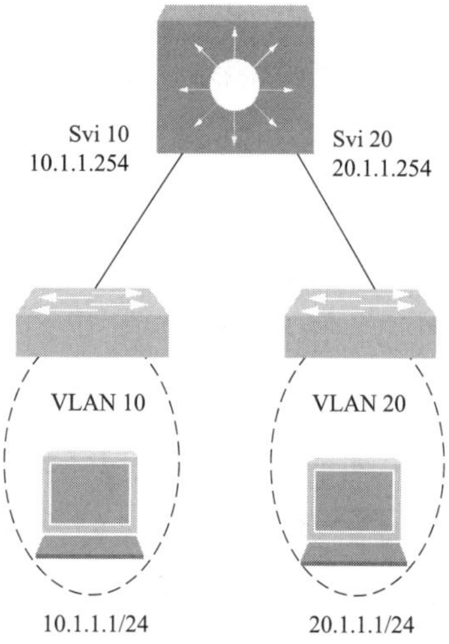

图 2-9　通过三层交换机实现VLAN 间的路由

2.2.5　第一跳冗余协议

第一跳冗余协议（first hop redundancy protocol，FHRP）主要是用来解决网关问题，提高默认网关的冗余性和负载均衡。如图 2-10 所示，其方法是让多台路由器组成一个组并虚拟出一个网关，让其中的一台路由器充当活跃的网关路由器，而另一台或多台其他路由器则处于备用模式。PC 通过连接虚拟网关访问外网，当主备路由器进行切换时，由于虚拟路由器没有改变，所以主机仍然保持连接，没有受到故障的影响；当然也可以实现基于多台路由器的冗余备份或负载均衡。在可以使用第一跳冗余协议之前，网关的冗余性依赖于静态网关配置和代理 ARP。

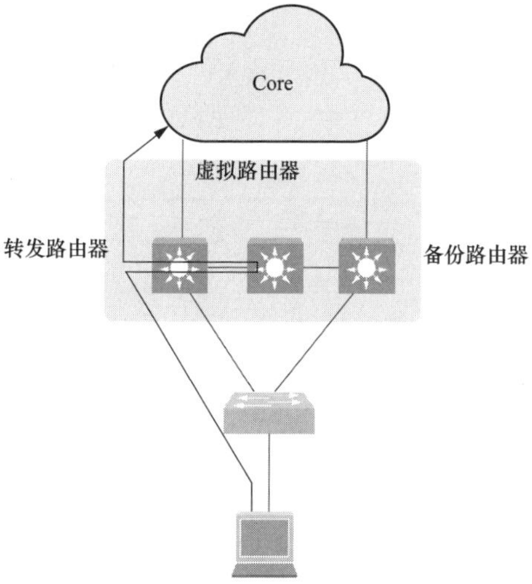

图 2-10　FHRP 实现方法

当网络中包含多台路由器时，让它们组成一个热备份组，在这个组中形成一个虚拟路由器；在任一时刻一个组内只有一个路由器是活动的，并由它来转发数据，这就是活动路由器；如果活动路由器发生了故障，将重新选择一个备份路由器来替代活动路由器。但是在本网络内的主机看来，虚拟路由器是没有改变的，所以主机仍然保持连接，没有受到故障的影响，这样就较好地解决了路由器切换的问题，这就是热备份的原理。为了减少网络的数据流量，在设置完活动路由器和备份路由器之后，只有活动路由器和备份路由器定时发送报文；如果活动路由器失效，备份路由器将接管成为活动路由器；如果备份路由器失效或者变成了活跃路由器，将另外的路由器被选为备份路由器。

在实际的一个特定的局域网中，可能有多个热备份组并存或重叠；每个热备份组模仿一个虚拟路由器工作，它有一个 Virtual MAC 地址和一个 Virtua IP 地址；Virtual MAC 地址是根据对应组的组号自动生成的；Virtua IP 地址、组内路由器的接口 IP 和主机 IP 必须在同一个子网内，但是不能一样；当在一个局域网内有多个热备份组存在时，把主机分布到不同的热备份组，可以实现负载分担。

在思科的网络设备上有三种解决方案，包括热备用路由器协议 HSRP、虚拟路由器冗余协议 VRRP 和网关负载均衡协议 GLBP。

3 路由技术

路由技术主要是指路由选择算法、因特网的路由选择协议的特点及分类。其中，路由选择算法可以分为静态路由选择算法和动态路由选择算法。因特网的路由选择协议的特点是：①属于自适应的选择协议（即动态的），是分布式路由选择协议；②采用分层次的路由选择协议，即分自治系统内部和自治系统外部路由选择协议。因特网的路由选择协议划分为内部网关协议（IGP，具体的协议有 RIP 和 OSPF 等）和外部网关协议（EGP，使用最多的是 BGP）两大类。

3.1 IP 单播通信

IP 单播地址指的是主机之间“一对一”的通信模式，网络中的交换机和路由器对数据只进行转发不进行复制。这种通信的优点在于服务器能及时响应客户机的请求；且服务器针对每个客户不同请求发送不同数据，容易实现个性化服务。

单播路由协议是通过路由器将到网际网络上某一位置的通信从源主机转发到目标主机。网际网络是至少有两个通过路由器连接的网络。路由器是网络层中介系统，用于根据公用网络层协议（如 TCP/IP）将多个网络连接在一起。网络是通过路由器连接，并与称为网络地址或网络 ID 的同一网络层地址相关联的联网基础结构（包括中继器、集线器和桥/2 层交换机）的一部分。

单播方式下，只有一个发送方和一个接收方。与之比较，组播是指单个发送方对应一组选定接收方的通信，任意播是指任意发送方对应一组较为接近的接收方间的通信。早期的点对点通信含义类似于单播。

IP 网络协议是一组称为传输控制协议/Internet 协议（TCP/IP）的 Internet 协议的一部分。IP 用来通过任意一组互相连接的 IP 网络进行通信。IP 路由器可以是静态路由器（由管理员建立路由，而且只能由管理员进行更改），也可以是动态路由器（通过路由协议来动态地更新路由）。

3.1.1 IP 路由原理和静态路由基础

IP 路由就是根据 IP 地址在不同网络之间转发数据的过程，它决定了 IP 数据包从源网络到目的网络怎么走，也就是规划一条到目的地的路径。实现这个功能的设备就是路由器，每个路由器都保存着一张路由表，表中每个条目指明分组到某个子网或主机应该通过路由器的哪个物理端口发送，然后就可到达该路由的下一个路由器，或者不再经过别的路由器而传送到直接相连的网络中的目的主机。

IP 在路由表中搜索目标与目标 IP 地址掩码长度最匹配的路由。从最特定的路由到最普通的路由，按以下顺序进行搜索：

（1）与目标 IP 地址匹配的路由（主机路由）；

（2）与目标 IP 地址的网络 ID 匹配的路由；

（3）如果有多条匹配的路由条目，选择与一条目标网络掩码最长的匹配条目；

（4）默认路由。

路由器能够自动发现直连路由并将其加载到路由表中，而对于到达非直连网络的路由，路由器就必须通过其他途径来获取，静态路由是一种最直接，最简单的方法。所谓静态路由，就是网络管理员使用手工配置的方式为路由器添加的路由，通俗的说法是，网络管理员通过手工配置的方式告诉路由器："你要到达目的地 X，需要把数据包从接口 Y 扔出去给下一跳 Z"。在网络中部署静态路由后，网络设备之间无需交互头部的协议报文（不像动态路由协议）。

静态路由如图 3-1 所示，R1、R2 的路由表中此时仅有直连路由。现在 R1 能够与 R2 直接通信，因为两者直接相连，而当 10.2.0.0/16 网络中 PC 要发送数据给网路 172.16.1.0/24 中 PC 时，它通过将目的 IP 地址（172.16.1.1）与本地网卡的 IP 地址及网络掩码进行运算，发现该目的 IP 地址是本地网段之外的一个地址，因此它意识到需要将发往对方 PC 的报文先发送给自己的默认网关，由于本地的默认网关被设置为 R1 的 s0/0/0

接口时，于是数据包发送给 R1；当 R1 收到这个数据包后，它在自己的路由表中查询报文的目的 IP 地址，如果发现没有能够匹配该地址的路由条目，则数据包被丢弃。那么 172.16.1.0/24 网络是 R1 路由器的直接相连的路由，所以数据包直接从 F0/0 转发；另外，从 R2 路由器的角度看，默认路由是其他没有匹配。

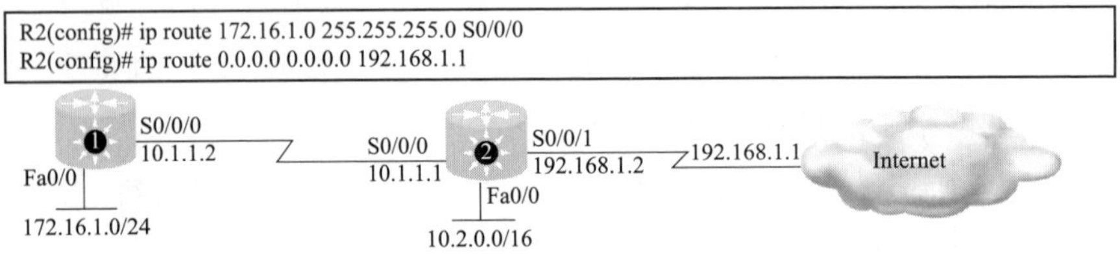

图 3-1 静态路由

3.1.2 OSPF 链路状态路由协议

OSPF 开放最短路径优先，是一个内部网关协议（Interior gateway protocol，IGP），用于在单一自治系统（Autonomous system，AS）内决策路由，是 IETF 公开的标准，所有网络设备厂商都支持该协议。

OSPF 链路状态路由协议如图 3-2 所示，运行 OSPF 的路由器首先与邻居路由器建立双向联系（见图 3-3），然后同步链路状态数据库，最后根据最短路径算法（SPF）算出最短路径写入路由表。

3.1.2.1 OSPF 的简要工作流程

（1）通过交换 hello 数据包来创建邻居关系；

（2）以传播 LSA 代替路由表更新；

（3）将 LSA 泛洪到区域中的所有 OSPF 路由器，而不仅是直连的路由器；

（4）收集由 OSPF 路由器生成的所有 LSA，以创建 OSPF 链路状态数据库；

（5）使用 SPF 算法计算到每个目的地的最短距离，并将其置于路由表中。

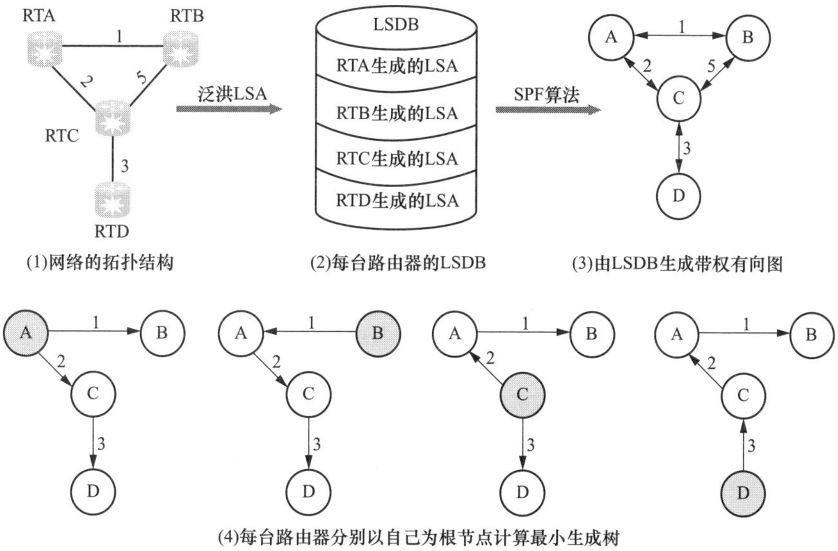

图 3-2　OSPF 链路状态路由协议

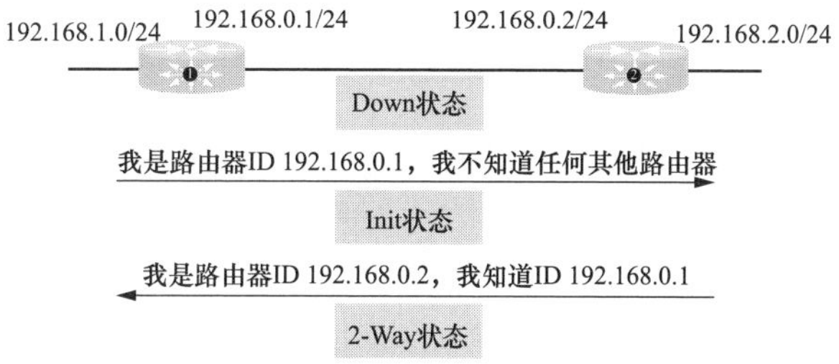

图 3-3　OSPF 使用 Hello 报文建立双向通信的过程

3.1.2.2　OSPF 的 5 种报文

OSPF 有 5 种报文，具体如下：

（1）hello 报文：发现和维护邻居关系。

（2）DD 报文：database description，描述信息（lsa）。

（3）LSR 报文：请求报文。

（4）LSU 报文：回复报文。

（5）ACK 报文：回复确认信息。

3.1.2.3 OSPF 邻居状态机制

OSPF 邻居状态机制有 7 种状态，分别是 Down 状态、Init 状态、2-Way 状态、Exstart 状态、Exchange 状态、Loading 状态和 Full 状态。

OSPF 建立完全邻接关系如图 3-4 所示。

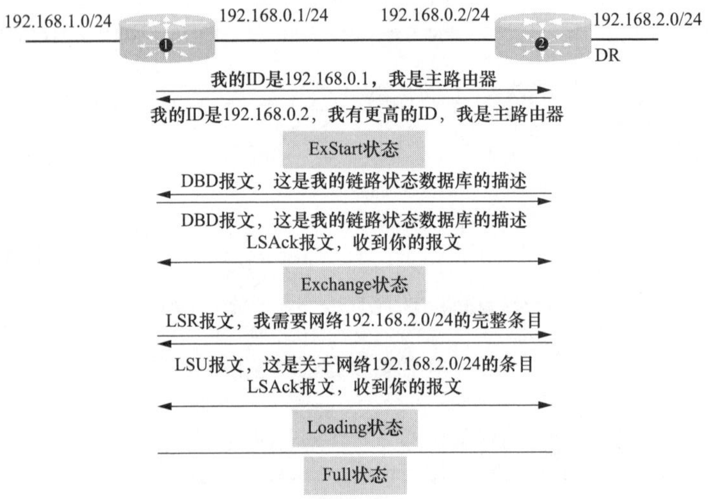

图 3-4 OSPF 建立完全邻接关系

3.1.2.4 OSPF 支持 4 种逻辑网络类型

OSPF 支持 4 种逻辑网络类型，分别是点到点网络、广播多路访问网络、非广播多路访问网络和点到多点网络。

3.1.2.5 OSPF 定义的特殊区域类型（优化 OSPF 数据库和路由表）

OSPF 定义的特殊区域类型见表 3-1。

表 3-1 OSPF 定义的特殊区域类型

区域类型	作用	是否下发默认路由
STUB	过滤四类、五类 LSA	下发三类 LSA 缺省
totally-STUB	过滤三类、四类、五类 LSA	下发三类 LSA 缺省
NSSA	过滤四类、五类 LSA（远端传送过来的）	否
totally-NSSA	过滤三类、四类、五类 LSA	下发三类 LSA 缺省

3.1.3 IS-IS 链路状态路由协议

中间系统到中间系统（Intermediate system to intermediate system，IS-IS）是一种内部网关协议，是电信运营商普遍采用的内部网关协议之一。标准的IS-IS协议是由国际标准化组织制定的ISO/IEC 10589：2002所定义的规范，为无连接网络服务（CLNS）设计的，并不直接适合于IP网络，因此互联网工程任务组制定了可以适用于IP网络的集成化的IS-IS协议，称为集成IS-IS，它由RFC 1195等RFC文档所规范，因此，IP网络中普遍存在IS-IS协议通常是指集成IS-IS协议。

3.1.3.1 路由计算过程

(1) 邻居关系建立。邻居关系建立主要是通过HELLO包交互并协商各种参数。

(2) 链路信息交换。与OSPF不同，IS-IS交互链路状态的基本载体不是链路状态通告LSA（link state advertisement），而是链路状态协议数据单元LSP（link state PDU）；交互的过程不像OSPF协议那样经历多个阶段，主要是通过CSNP报文和PSNP报文两种协议报文来同步，请求以及确认链路状态信息（承载的是链路状态信息摘要），而链路状态信息的详细拓扑和路由信息是由LSP报文传递。

(3) 路由计算。SPF计算和OSPF基本一样，但IS-IS算法分离了拓扑结构和IP网段，加快了网络收敛速度（IS-IS协议的优化）。

整个路由计算过程如图3-5所示。

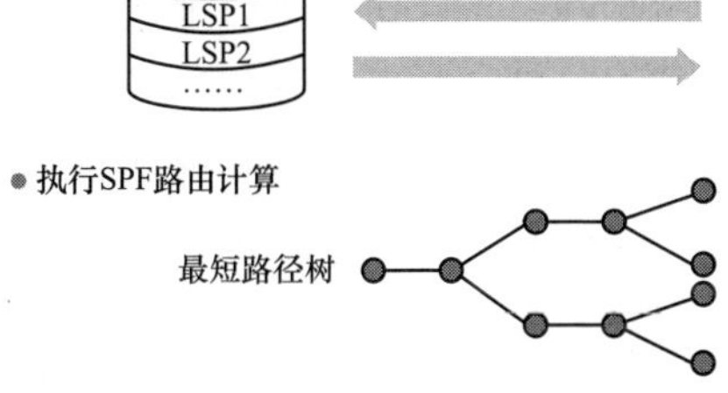

图3-5 路由计算过程

3.1.3.2 地址结构

网络服务访问点 NSAP（Network Service Access Point）是 OSI 协议中用于定位资源的地址。NSAP 的地址结构如图 3-6 所示，由 IDP（Initial Domain Part）和 DSP（Domain Specific Part）组成。IDP 和 DSP 的长度都是可变的，NSAP 总长最多是 20 个字节，最少 8 个字节习惯上配置为 10B，由 16 进制进行表示。NSAP 的地址结构各组成部分含义如下：

（1）IDP 相当于 IP 地址中的主网络号。它是由 ISO 规定，并由 AFI（Authority and Format Identifier）与 IDI（Initial Domain Identifier）。AFI 表示地址分配机构和地址格式，IDI 用来标识域。

（2）DSP 相当于 IP 地址中的子网号和主机地址。它由 High Order DSP、System ID 和 SEL 三个部分组成。High Order DSP 用来分割区域，System ID 用来区分主机，SEL 用来指示服务类型。

TCP/IP协议栈	IP协议	IP地址	OSPF	Area ID+Router ID
OSI系统	CLNP协议	NSAP地址	IS-IS	NET标识符

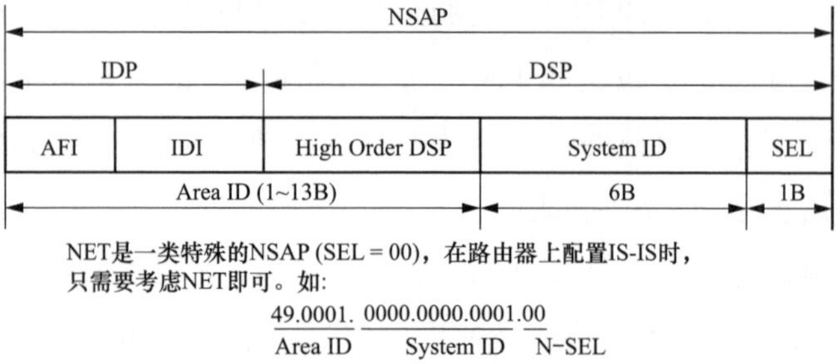

图 3-6 NSAP 的地址结构

（3）区域地址 Area ID（Area address）。既能够标识路由域，也能够标识路由域中的区域，因此它们一起被称为区域地址，相当于 OSPF 中的区域编号（其中 49 代表路由域，0001 表示区域）。

一般情况下，一个路由器只需要配置一个区域地址，且同一区域中所有节点的区域地址都要相同。为了支持区域的平滑合并、分割及转换，在设备的实现中，一个 IS-IS 进程下最多可配置 3 个区域地址必须保证它们的 SystemID 都相同。

（4）System ID。用来在区域内唯一标识主机或路由器。在设备的实现中，它的长度固定为48bit（6字节）。在实际应用中，一般使用Router ID与System ID进行对应。假设一台路由器使用接口Loopback0的IP地址168.10.1.1作为Router ID，则它在IS-IS中使用的System ID可通过如下方法转换得到：

1）将IP地址168.10.1.1的每个十进制数都扩展为3位，不足3位的在前面补0，得到168.010.001.001。

2）将扩展后的地址分为3部分，每部分由4位数字组成，得到1680.1000.1001。重新组合的1680.1000.1001就是System ID。

3）实际System ID的指定可以有不同的方法，但要保证能够唯一标识主机或路由器。

（5）SEL。作用类似IP中的协议标识符，不同的传输协议对应不同的SEL。在IP上SEL均为00。

（6）NET地址，这个地址服务于IP环境，其中SEL=00。NET地址网络实体名称NET（Network Entity Title）指的是设备本身的网络层信息，可以看作是一类特殊的NSAP（SEL=00）。NET的长度与NSAP的相同，最多为20个字节，最少为8个字节。在路由器上配置IS-IS时，只需要考虑NET即可，NSAP可不必去关注。

NSAP的地址结构各组成部分长度如下：

AFI（1字节）IDI（2字节）HODSO（0-10字节）SID（6字节）NSEL（1字节）

3.1.3.3 IS-IS路由器分类

在OSPF协议里面也有一些比较特殊的路由器，如ABR路由器、ASBR路由器、区域内部路由器、骨干路由器等，代表该设备可以执行不同的功能和角色。

在IS-IS协议里面一共只有三种不同角色的路由器，即Level-1路由器、Level-2路由器、Level-1-2路由器。Level-1路由器只具有Level-1的功能；Level-2路由器只具有Level-2的功能；Level-1-2路由器只具有Level-1

和 Level-2 的功能。默认情况下华为设备默认都是 Level-1-2 角色。

1. Level-1 路由器

Level-1 只能与属于同一区域的 Level-1 和 Level-1-2 路由器形成邻居关系，只负责维护 Level-1 的链路状态数据库，该 LSDB 包含本区域内的路由信息，到本区域外的报文转发给最近的 Level-1-2 路由器。

2. Level-2 路由器

Level-2 路由器负责区域间的路由，它可以与相同或者不同区域的 Level-2 路由器或者不同区域的 Level-1-2 路由器形成邻居关系。Level-2 路由器维护一个 Level-2 的 LSDB，该 LSDB 包含区域间的路由信息。需要注意的是：

（1）Level-2 路由器可以和同一个区域的 Level-2 路由器建立起关系；

（2）Level-2 路由器可以和不同一个区域的 Level-2 路由器建立起关系；

（3）Level-2 路由器可以和同一个区域的 Level-1-2 路由器建立起关系；

（4）Level-2 路由器可以和不同一个区域的 Level-1-2 路由器建立起关系。

3. Level-1-2 路由器

Level-1-2 路由器维护两个 LSDB，Level-1 的 LSDB 用于区域内路由，Level-2 的 LSDB 用于区域间路由；Level-1-2 路由器可以与同一区域的 Level-1 形成 Level-1 邻居关系，也可以与其他区域的 Level-2 和 Level-1-2 路由器形成 Level-2 的邻居关系。需要注意的是：

（1）Level-1-2 路由器可以和同一个区域的 Level-1 路由器建立起关系；

（2）Level-1-2 路由器可以和同一个区域的 Level-2 路由器建立起关系；

（3）Level-1-2 路由器可以和不同区域的 Level-2 路由器建立起关系；

（4）Level-1-2 路由器可以和同一个区域的 Level-1-2 路由器建立两个关系；

（5）Level-1-2 路由器可以和不同区域的 Level-1-2 路由器建立起 Level-2 关系。

3.1.3.4 区域内算法

SPF 计算过程如下：

（1）单区域 LSDB 同步完成；

（2）生成全网拓扑结构图；

（3）以本节点为根生成最短路径树；

（4）默认跨越每个节点开销一样。

3.1.3.5 IS-IS 路由计算的开销方式

IS-IS 在计算路由时是不基于链路计算 cost 值的，每经过一跳 cost 数值都加上 10。不同模式下开销计算方式如下：

（1）Narrow 模式：设备默认模式开销都是 10，手工配置接口开销取值范围为 1-63。

（2）Wide 模式：设备默认模式开销都是 10，手工配置接口开销取值范围是 1-16777215。

在进程下加入 auto-cost enable 命令，Narrow 模式和 Wide 模式都会参考接口带宽大小计算开销值，只是参考准则有少许差异，缺省情况模式为 Narrow 模式。

（3）使能 IS-IS 自动计算接口的开销。只有当开销类型为 wide 或 wide-compatible 时，使用命令 bandwidth-reference 配置的带宽参考值才是有效的，此时各接口的开销值＝（bandwidth-reference/接口带宽值）×10；当开销类型为 narrow、narrow-compatible 或 compatible 时，各个接口的开销值根据设备定义自动计算。

3.1.3.6 区域间路由

以区域 49.0001 访问区域 49.0002 为例，如图 3-7 所示，过程如下：

（1）L1/2 路由器 RTA 产生 ATT 置位为 1 的 LSP；

（2）L1 路由器收到 ATT 为 1 的 LSP 会产生下一跳指向 L1/2 路由器的默认路由。

区域 49.0002 访问区域 49.0001 过程如下：

（1）L1/2 路由器 RTA 会把区域 49.0001 的明细路由以叶子节点方式挂载在 L2 级别的 LSP 上面并处在 Level-2 的 LSDB 中；

（2）L2 路由器通过自己 SPF 计算得出访问 Area49.0001 的明细路由。

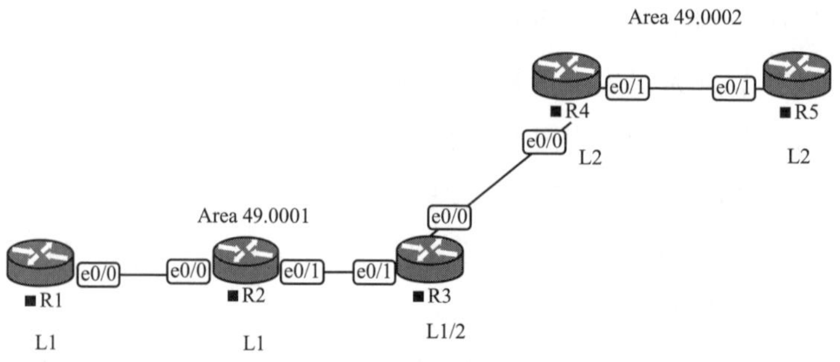

图 3-7 区域间路由

3.1.3.7 不同角色路由器的路由特点

（1）Level-1 路由器的路由特点：

① 只拥有 Level-1 的链路状态数据库；

② 其链路状态数据库中只有本区域路由器 LSP；

③ 其路由表里没有其他区域的路由信息；

④ 其路由表里都有一条默认路由，下一条是指向到 Level-1-2 路由器。

（2）Level-2 路由器的路由特点：

① Level-2 路由器只有 Level-2 的链路状态数据库；

② 其 LSDB 中有骨干区域路由器的 LSP，但是没有 Level-1 路由器产生的 LSP；

③ 路由表里面有整个网络的路由信息。

（3）Level-1-2 路由器的路由特点：

① Level-1-2 路由器同时拥有 Level-2 和 Level-1 的链路状态数据库；

② Level-1 数据库包含本区域的 LSP，Level-2 数据库包含骨干区域 LSP；

③ 在自己产生的 Level-1 的 LSP 中设置了 ATT 比特位为 1；

④ 路由表里面有整个网络的路由信息。

3.1.3.8 IS-IS 支持的网络类型

IS-IS 支持 3 种网络类型：

1）点对点网络类型，如 PPP、HDLC 等，如图 3-8 所示；

2）广播多路访问网络类型（Ethernet 等）；

3）对于 NBMA（Non-Broadcast Multi-Access）网络，如 ATM，需对其配置子接口，并注意子接口类型应配置为 P2P。

注意 IS-IS 不能在点到多点链路 P2MP（Point to MultiPoint）上运行。

3.1.3.9 IS-IS 的报文类型

IS-IS 报文类型有 HELLO PDU（Protocol Data Unit）、LSP 和 SNP。

1. Hello PDU

Hello 报文用于建立和维持邻居关系，也称为 IIH（IS-to-IS Hello PDUs），类似于 OSPF 的 Hello 报文。IS-IS 建立邻居关系和 OSPF 一样，通过 hello 报文的交互来完成。但是会根据场景分为三种类型的 hello 报文：

（1）广播网中的 Level-1 IS-IS 使用 Level-1 LAN IIH（Level-1 LAN IS-IS Hello），目的组播 MAC 为：0180-c200-0014（见图 3-8）。

（2）广播网中的 Level-2 IS-IS 使用 Level-2 LAN IIH（Level-2 LAN IS-IS Hello），目的组播 MAC 为：0180-c200-0015（见图 3-8）。

（3）非广播网络中则使用 P2P IIH（point to point IS-IS Hello）。

Hello 报文的类型有 3 种，即 Level-1 的 hello 报文、Level-2 的 hello 报文和 P2P 的 hello 报文。

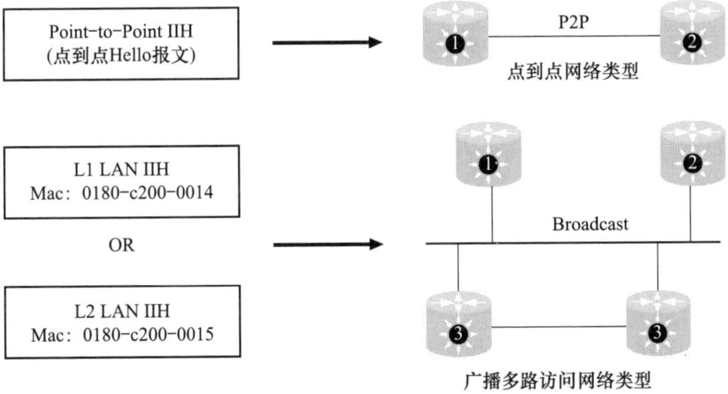

图 3-8　IS-IS 支持的网络类型

2. LSP

链路状态报文 LSP（Link State PDUs）用于交换链路状态信息，类似于 OSPF 中的 LSA。

3. SNP

序列号报文 SNP（Sequence Number PDUs）通过描述全部或部分数据库中的 LSP 来同步各 LSDB（Link-State DataBase），从而维护 LSDB 的完整与同步。

3.1.3.10 邻居关系建立

1. P2P 链路

在 P2P 链路上，分为两次握手机制（没有邻居列表）和三次握手机制。

两次握手机制只要路由器收到对端发来的 Hello 报文，就单方面宣布邻居为 up 状态，建立邻居关系，不过容易存在单通风险。

三次握手机制通过三次发送 P2P 的 IS-IS Hello PDU 最终建立起邻居关系，与广播链路邻居关系的建立情况相同。

2. 以太网链路

在广播链路上，使用 LAN IIH 报文执行三次握手建立邻居关系，如图 3-9 所示。

（1）当收到邻居发送的合法 Hello PDU 报文里面没有自己的 system ID 的时候，状态机进入 initialized。

（2）只有收到邻居发过来的 Hello PDU 有自己的 system ID 才会 up，排除了链路单通的风险。

（3）广播网络中邻居 up 后会选举 DIS（虚节点），DIS 的功能类似 OSPF 的 DR（指定路由器）。

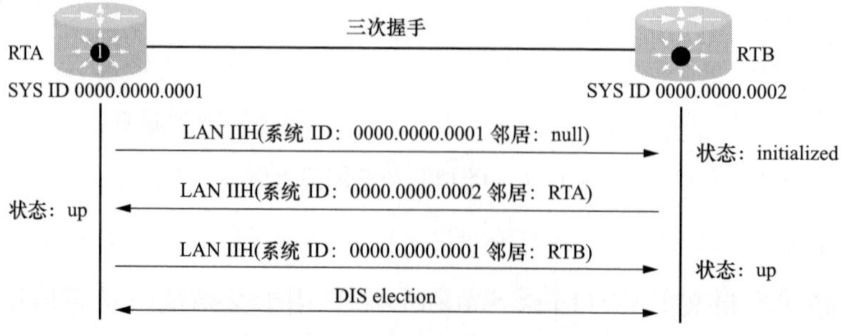

图 3-9 三次握手建立邻居关系

3.1.3.11 DIS简介

DIS是指定中间系统（Designated IS），如图3-10所示，其功能类似OSPF的DR（指定路由器），伪节点是指在广播网络中由DIS创建的虚拟路由器。

在广播网络需要选举DIS，在邻居关系建立后，路由器会等待两个Hello报文间隔再进行DIS的选举。选举规则如下：

（1）Hello报文中包含Priority字段，Priority值最大的将被选举为该广播网的DIS；

（2）若优先级相同，接口MAC地址较大的被选举为DIS；

（3）IS-IS中DIS发送Hello时间间隔默认为10/3秒；

（4）其他非DIS路由器发送Hello间隔为10秒；

（5）进行SPF计算时，都把它当成虚节点，简化MA网络的逻辑拓扑（相同点）；

（6）减少LSP/LSA的泛洪（相同点）；

（7）在IS-IS中还可以由DIS发送CSNP来同步链路的LSDB（ISIS扩展作用）。

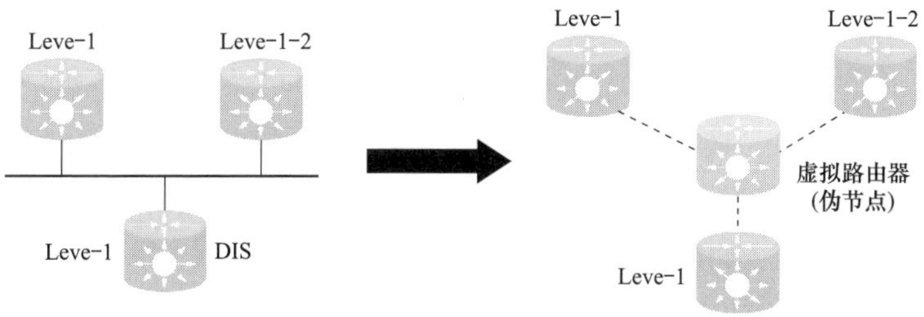

图3-10　DIS示意图

3.1.4 BGP协议原理

在介绍BGP协议前，先介绍一下自治系统（autonomous system，AS）。在互联网中，一个自治系统（AS）是一个有权自主地决定在本系统中应采用何种路由协议的小型单位。这个网络单位可以是一个简单的网络，也可以是一个由一个或多个普通的网络管理员来控制的网络群体，它是一个单独的可管理的网络单元（例如一所大学，一个企业或者一个公司个体）。一个自治系统有时也被称为是一个路由选择域（routing domain）。一个自治系统将会分配一个全局的唯一的16位号码，这个号码叫作自治系统号（ASN）。

边界网关协议（BGP）是运行于TCP上的一种自治系统的路由协议，也是唯一一个用来处理运营商之间网络的协议，主要功能是在运营商之间BGP系统交换网络可达信息。网络可达信息包括列出的自治系统（AS）的信息，这些信息有效地构造了AS互联的拓扑图并由此清除了路由环路，同时在AS级别上可实施策略决策。

BGP具有如下属性：

1. Origin属性

Origin属性定义路径信息的来源，标记一条路由是怎么成为BGP路由的，如图3-11所示。

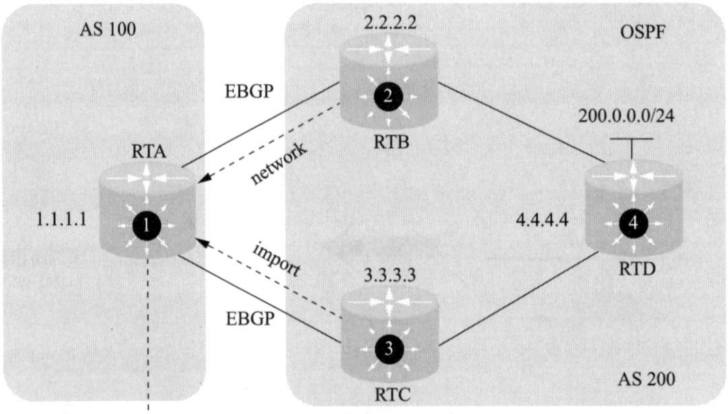


```
<RTA>display bgp routing-table

  Network      NextHop     MED   LocPrf  PrefVal  Path/Ogn
 *>200.0.0.0   10.1.12.2   1              0       200i
 *             10.1.13.3   1              0       200?
```

图3-11 Origin属性

（1）AS 200内运行OSPF协议，200.0.0.0/24网段宣告到OSPF中。RTB通过network方式将200.0.0.0/24的路由变为BGP路由通告给

RTA，RTC 通过 import 方式将 200.0.0.0/24 的路由变为 BGP 路由通告给 RTA。

（2）BGP 在 AS 之间传递信息，承载大量的路由。如果到达同一目的 IP 有多条路径，且 BGP 学到这些路由是通过不同的方式，则 Origin 属性是决定最优路径的一个因素，用于标明路由的起源。

Origin 的属性有 i、e、? 3 种，比较如下：

（1）i 属性表明 BGP 路由通过 network 命令注入。

（2）e 属性表明 BGP 路由是从 EGP 学来的，EGP 协议在现网中很难见到，但可以通过路由策略将路由的 Origin 属性修改为 e。

（3）? 即 Incomplete（未知），表明 BGP 路由通过其他方式学到路由信息，如使用 import 命令引入的路由。

（4）3 种 Origin 属性的优先级为：i>e>Incomplete（?）。

2. AS_Path 属性

首先思考两个问题：①AS 1 内的 RTA 能够从 RTB 与 RTC 收到 100.0.0.0/24 的路由，RTA 如何进行自动优选？②RTA->RTB->RTC 之间在拓扑上存在环路，RTB->RTC->RTD->RTE 之间在拓扑上也存在环路，因此 BGP 在路由传递的过程中也可能存在路由环路，BGP 如何防止环路呢？

BGP 针对以上 2 个问题，设计了 AS_Path 属性，如图 3-12 所示，该属性记录了路由经过的所有 AS 的编号。

RTA 从 RTB 收到 100.0.0.0/24 的路由时，AS_Path 为（2，4），RTA 从 RTC 收到 100.0.0.0/24 的路由时，AS_Path 为（3，5，4）。规定 AS_Path 越短（记录的 AS 编号越少），路径越优，因此 RTA 会优选从 RTB 收到的 100.0.0.0/24 的路由。以 RTE 为例，通过 BGP 发布 100.0.0.0/24 的路由，路由可能通过 RTE->RTB->RTC->RTD->RTE 形成环路。为了防止环路的产生，RTE 在收到 RTD 发来的路由时会检查 AS_Path（该路由携带的）属性，如果发现该路由的 AS_Path 中包含自己的 AS 号，则丢弃该路由。

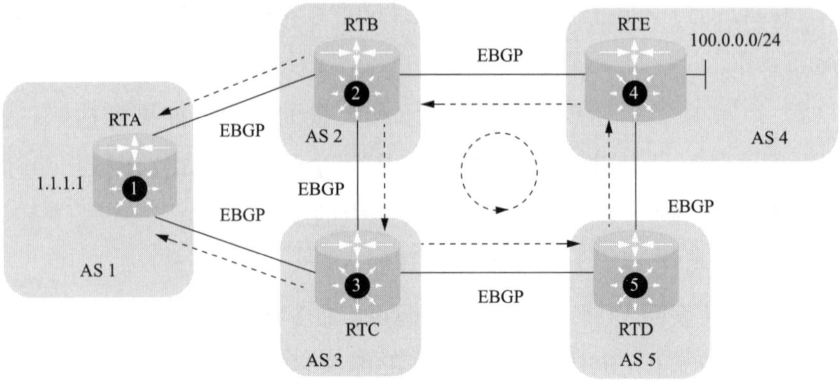

图 3-12 AS_Path 属性

当前，AS_PATH 属性被定义为公认必遵属性，该属性由 AS 号所组成。AS_PATH 属性字段由三元组所组成。分别是 Path Segment Type，Path Segment Length，Path Segment Value。

在 BGPv4 里，Path Segment Length 包含以下内容：

1）AS_SET：由一系列 AS 号无序地组成，包含在 UPDATE 消息里。

2）AS_SEQUENCE：由一系列 AS 号顺序地组成，包含在 UPDATE 消息里。

3）AS_CONFED_SEQUENCE：在本地联盟内由一系列成员 AS 号按顺序地组成，包含在 UPDATE 消息中，只能在本地联盟内传递。

4）AS_CONFED_SET：在本地联盟内由一系列成员 AS 无序地组成，包含在 UPDATE 消息中，同样只能在本地联盟内传递。

3. Next_hop 属性

首先思考三个问题：①RTA 将 100.0.0.0/24 的网段发布给 RTB 时，Next_hop 的 IP 地址是多少？②RTB 将 100.0.0.0/24 的网段发布给 RTC 时，Next_hop 的 IP 地址是多少？③RTA 从 RTB 学到 RTC 发布的 200.0.0.0/24 的网段时，Next_hop 的 IP 地址是多少？

对于上述问题，BGP 路由器将本端始发路由发布给 IBGP 邻居时，会把该路由信息的 Next_hop（见图 3-13）设为本端建立邻居关系所使用的接口 IP：

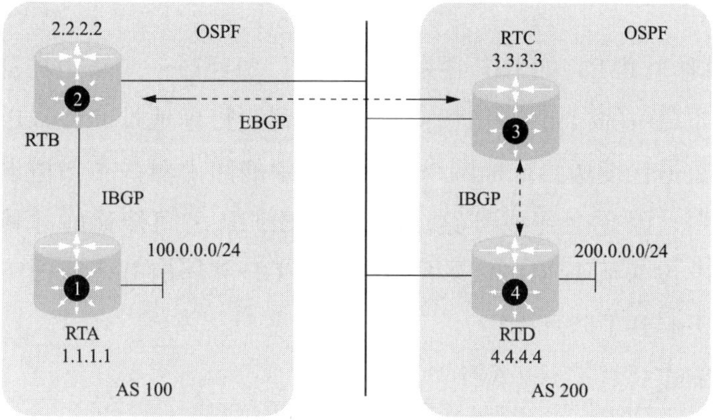

图 3-13 Next_hop 属性

① RTA 将 100.0.0.0/24 的网段发布给 RTB 时，如果 RTA 与 RTB 使用直连接口建立 IBGP 邻居，则 Next_hop 为 RTA 上与 RTB 直连的接口 IP；如果 RTA 与 RTB 使用 Loopback 接口建立 IBGP 邻居，则 Next_hop 为 RTA 的 Loopback 接口 IP。

BGP 路由器在向 EBGP 邻居发布路由时，会把路由信息的 Next_hop 设置为本端与对端建立 BGP 邻居关系的接口 IP。

② RTB 将 100.0.0.0/24 的网段发布给 RTC 时，Next_hop 为 RTB 上与 RTC 直连的接口 IP；BGP 路由器在向 IBGP 邻居通告从 EBGP 学来的路由时，不改变该路由下一跳属性。

③ RTC 从 RTB 学到 RTA 发布的 100.0.0.0/24 的网段时，Next_hop 为 RTB 的接口 IP，因为 RTB 与 RTD 在同一网段，RTC 通告给 RTD 的 Next_hop 为 RTB 的接口 IP。

对于上述三种情况做以下说明：

① EBGP 邻居之间一般采用直连接口建立邻居关系，EBGP 邻居在相互通告路由时会修改 Next_hop 为自己的出接口 IP。

② IBGP 邻居通常采用 Loopback 接口建立邻居，当路由是本路由器起源的，在发送给邻居之后 Next_hop 改为自己的更新源地址，这样即使网络中出现链路故障，只要 Next_hop 可达，同样可以访问目的网段，提高网络

稳定性。

③ 相对于 IGP，如 RIP 在发布路由时，每经过一个路由器都会修改下一跳，发布路由的路由器都宣称自己能够到达目标地址，并采用逐跳传递的方式将数据包发送给目标网络，但网络中的路由器并不知道谁是真正的始发路由器，因此会造成环路。BGP 在 EBGP 之间传递时才修改 Next_hop，IBGP 发送从 EBGP 学来的路由给 IBGP 邻居时并不修改下一跳，在一定程度上起到了防环作用。

4. Local_Preference 属性

Local_Pref 属性如图 3-14 所示，仅在 IBGP 邻居之间有效，不通告给其他 AS。它表明路由器的 BGP 优先级，用于判断流量离开 AS 时的最佳路由，值越大越优，其默认值为 100。

假设 AS 200 内有一个 200.0.0.0/24 的用户网段，通过 BGP 发布给 AS 100。AS 100 内的管理员如何设置才可以实现通过高带宽链路访问 200.0.0.0/24 的网络？

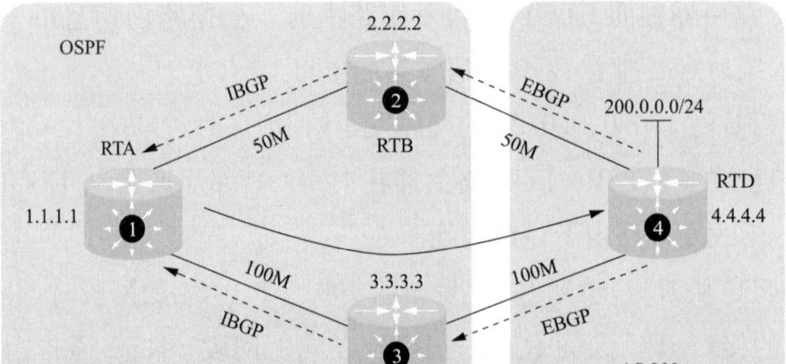

图 3-14 Local_Preference 属性

解决办法：

① 在 RTC 上设置 ip-prefix 匹配 200.0.0.0/24 的路由，使用 route-policy 调用该 ip-prefix，并设置 Local_Preference 为 200，将策略应用在对 RTA 发布路由的 export 方向。

② Local_Pref 属性用于判断流量离开 AS 时的最佳路由。当 BGP 路由

器通过不同的 IBGP 邻居获得目的地址相同但下一跳不同的多条路由时，将优先选择 Local_Pref 属性值较高的路由。

5. MED 属性

MED（Multi-Exit-Discriminator 多出口标识）属性仅在相邻两个 AS 之间传递，收到此属性的 AS 不会再将其通告给任何其他第三方 AS。如图 3-15 所示，AS100 内并不会收到 AS 300 内设置的 MED 值，但是 AS 200 内会收到 AS 300 内设置的 MED 值，因此 AS 200 内可以选择高带宽的路由。

MED 属性相当于 IGP 使用的度量值（Metric），它用于判断流量进入 AS 时的最佳路由。当一个运行 BGP 的路由器通过不同的 EBGP 邻居获得目的地址相同但下一跳不同的多条路由时，在其他条件相同的情况下，将优先选择 MED 值较小者作为最佳路由，其默认值为 0。

如果 AS 300 内的管理员希望在 AS 300 内操作影响 AS 200 通过高带宽链路访问 100. 0. 0. 0/24，如何实现？

解决方法：在 RTE 上设置 ip-prefix 匹配 100. 0. 0. 0/24 的路由，再设置 route-policy 调用该 ip-prefix，并设置 MED 为 100，将策略应用在对 RTE 发布路由的 export 方向。

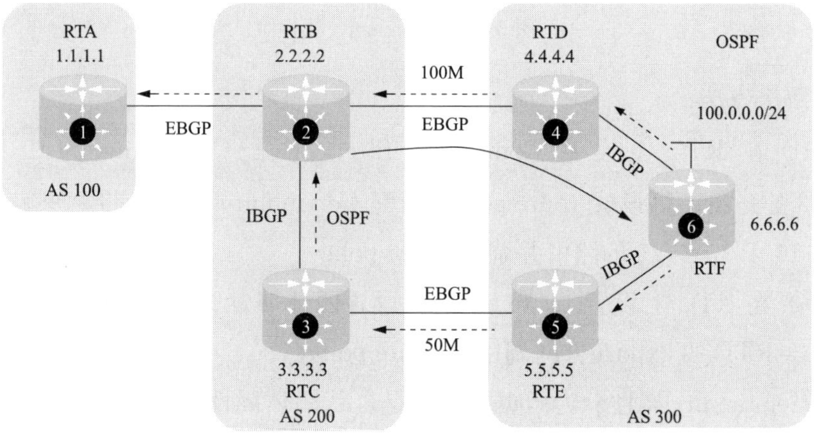

图 3-15 MED 属性

6. Community 属性

BGP 的 Community 属性如图 3-16 所示，它有两个作用：①限定路由的传播范围；②打标记，便于对符合相同条件的路由进行统一处理。

假设 AS 10 内有 10.1.10.0/24 的用户网段，AS 11 内有 10.1.11.0/24 的用户网段。为了区分用户网段，AS 10 内的 10.1.10.0/24 设置了 10:12 的 Community，AS 11 的 10.1.11.0/24 设置了 11:12 的 Community，通过 BGP 发送给 AS 12 后，AS 12 希望汇总后屏蔽掉明细路由再发送给 AS 13，并且希望 AS 13 收到路由后不再传递给其他 AS，如何实现？

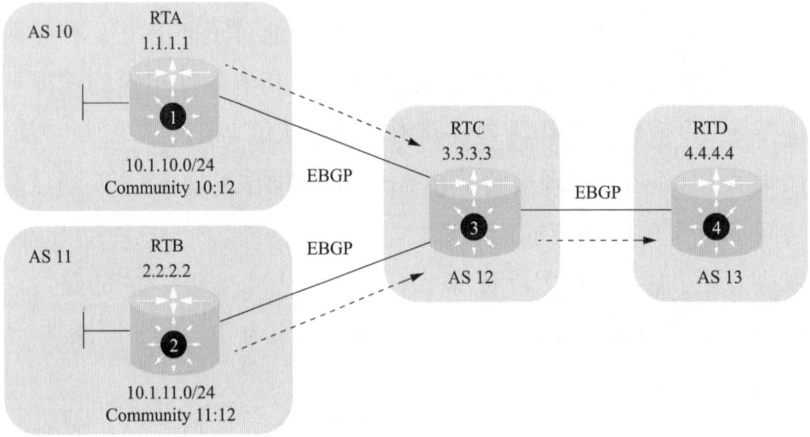

图 3-16　Community 属性

解决方法：

① 在 RTC 上设置 Community-filter，匹配 Community 为 10:12 和 10:13 的路由，再设置 route-policy 匹配 Community-filter，将两条路由聚合成 10.1.10.0/23 的路由并调用 route-policy。

② 在 RTC 上设置 route-policy，设置团体属性为 no-export，在 RTC 通告给 RTD 的 export 方向调用该 route-policy。

Community 属性分为两类：一类是公认团体属性，另一类是扩展的团体属性。

公认团体属性分为 4 类：

① Internet：缺省属性，所有路由都属于 Internet，此属性的路由可以通告给所有 BGP 邻居。

② No_Export：收到此属性的路由后，不将该路由发布到其他 AS。RTB 上希望 10.1.11.0/24 的路由发布给 AS 12 之后，不再发布给其他 AS，则可将 10.1.11.0/24 的 Community 属性设置为 No_Export。

③ No_Advertise：收到此属性的路由后，不将该路由通告给任何其他的 BGP 邻居。RTB 上希望只将 10.1.11.0/24 的路由发布给 RTC，并且不再通告给任何其他的 BGP 邻居，则可将 10.1.11.0/24 的 Community 属性设置为 No_Advertise。

④ No_Export_Subconfed：在联盟中使用。

扩展的团体属性用一组 4 字节为单位的列表来表示，路由器中扩展的团体属性格式为 aa：nn 或团体号。

① aa：nn 中，aa 通常为 AS 编号，nn 是管理员定义的团体属性标识。

② 团体号范围为 0-4294967295，在 RFC1997 中，0-65535 与 4294901760-4294967295 为预留值。

3.1.5 路由控制

在企业园区网发展演进过程中，网络规模不断扩大，总部和分支机构之间可能运行不同路由协议，企业经营也会出现收购融合，前期网络由于不是统一的路由规划，也运行着不同路由协议，为了实现多种路由协议的协同工作，路由器可以使用路由重分发（route redistribution），将其学习到的一种路由协议的路由通过另一种路由协议通告出去，这样网络的所有部分都可以连通了。为了实现重分发，必须在同时运行多种路由协议的边界路由器上实现，这样每种路由协议才可以取路由表中的所有或部分其他协议的路由来进行路由重分布。执行路由重分布的路由器被称为边界路由器，因为它们位于两个或多个自治系统的边界上。

路由重分布时必须要考虑路由开销或度量值及管理距离。每一种路由协议都有自己的度量标准，所以在进行重分布时必须转换度量标准，使得它们兼容。种子度量值（Seed Metric）是定义在路由重分布里的，它是一条从外部重分布进来的路由的初始度量值。

路由重分布应该考虑到如下的一些问题：

（1）路由环路：路由器有可能从一个自治系统学到的路由信息发送回该自治系统，特别是在做双向重分布的时候，一定要注意。

（2）次优路径：每一种路由协议的度量标准不同，所以，路由器通过分布所选择的路径可能并非最佳路径；当把AD值大的路由条目重分发进AD小的路由协议中，很可能会出现次优路径，这时就需要路由的优化，修改AD值或者是过滤。

（3）不一致的收敛时间：因为不同的路由协议收敛的时间不同。

（4）种子度量值：

1）RIP认为，重分发进来的路由条目的metric值即是种子metric，默认是无穷大。

2）EIGRP认为，重分发进来的路由条目的metric值即是种子metric，默认是无穷大；度量值由带宽（单位kb/s）、延迟（单位10ms）、可靠度（255为最可靠）、负载（一般为1）和MTU（最大传输单元，一般为1500）组成。

3）OSPF认为，重分发进来的路由条目的metric值即是种子metric，是20，并且默认是type 2，就是E2；推荐使用metric-type 1，即E1，使用subnets属性。如果不适用subnets属性，那么只重发布有类路由。

所以，当把某种协议的路由条目重分发到EIGRP和RIP中时，一定要手工指定metric值！如果不指定度量值，那么重发布过来的路由将不会被通告。

路由控制案例如图3-17所示。

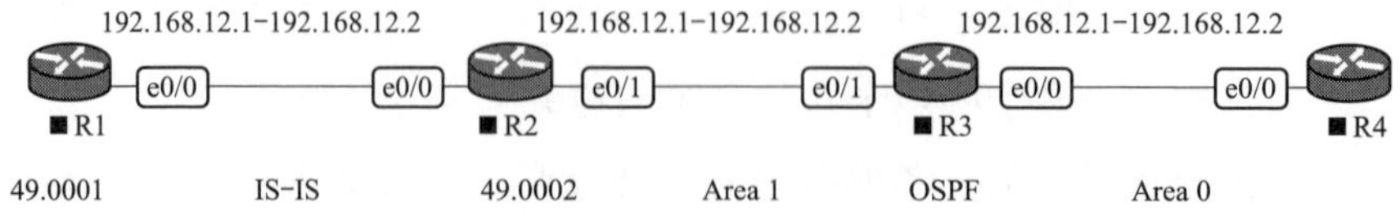

图3-17　路由控制案例

路由器 R1 配置：

```
R1(config)# router isis
R1(config-router)# net 49.0001.1111.1111.1111.00
R1(config-router)# is-type level-2 only
R1(config)# interface Loopback0
R1(config-if)# ip address 1.1.1.1 255.255.255.0
R1(config-if)# ip router isis
R1(config)# interface e0/0
R1(config-if)# ip address 192.168.12.1 255.255.255.0
R1(config-if)# ip router isis
R1(config-if)# no shutdown
```

路由器 R2 配置：

```
R2(config)# router isis
R2(config-router)# net 49.0002.2222.2222.2222.00
R2(config-router)# is-type level-2-only
R2(config-router)# redistribut ospf 1 metric 20
R2(config)# interface Loopback0
R2(config-if)# ip address 2.2.2.2 255.255.255.0
R2(config-if)# ip router isis
R2(config)# interface e0/0
R2(config-if)# ip address 192.168.12.2 255.255.255.0
R2(config-if)# ip router isis
R2(config-if)# no shutdown
R2(config)# router ospf 1
R2(config-router)# router-id 2.2.2.2
R2(config-router)# network 192.168.23.0 0.0.0.255 area 1
R2(config-if)# redistribut isis level-2 metric 50 subnets
```

路由器 R3 配置：

```
R3(config)# router ospf 1
```

R3(config-router)# router-id 3. 3. 3. 3

R3(config-router)# network 3. 3. 3. 0 0. 0. 0. 255 area 0

R3(config-router)# network 192. 168. 23. 0 0. 0. 0. 255 area 1

R3(config-router)# network 192. 168. 34. 0 0. 0. 0. 255 area 0

路由器 R4 配置:

R4(config)# ip prefix-list 1 seq 5 permit 4. 4. 0. 0/24

R4(config)# ip prefix-list 2 seq 5 permit 4. 4. 1. 0/24

R4(config)# route-map conn permit 10

R4(config-route-map)# match ip address prefix-list 1

R4(config-route-map)# set metric 50

R4(config-route-map)# set metric-type type-1

R4(config)# router-map conn permit 20

R4(config-route-map)# match ip address prefix-list 2

R4(config-route-map)# set metric 100

R4(config)# router ospf 1

R4(config-route)# router-id 4. 4. 4. 4

R4(config-route)# network 192. 168. 34. 0 0. 0. 0. 255 area 0

R4(config-route)# redistrbute connected subnets route-map conn

现象与结果:

R1# show ip route

……

iL2   2. 2. 2. 0[115/20]via 192. 168. 12. 2, e/0/0

  3. 0. 0. 0/32 is subnetted, 1 subnets

iL2   3. 3. 3. 3[115/30]via 192. 168. 12. 2, e0/0

  4. 0. 0. 0/24 is subnetted, 2 subnets

iL2   4. 4. 0. 0[115/30]via 192. 168. 12. 2, e0/0

iL2   4. 4. 1. 0[115/30]via 192. 168. 12. 2, e0/0

iL2 192. 168. 23. 0/24[115/30]via 192. 168. 12. 2, e0/0

iL2 192.168.23.0/24[115/30]via 192.168.12.2,e0/0

路由器R1有网络的路由信息，其中路由条目“2.2.2.0”是IS-IS内部路由，而其他的“i L2”路由条目全部是通过路由器R2重分布进来的。

R2#show ip route

……

iL1　　1.1.1.0[115/20]via 192.168.12.1,Serial0/0/0

　　2.0.0.0/32 is subnetted,1 subnets

C　　2.2.2.0　is directly connected,Loopback0

　　3.0.0.0/32 is subnetted,1 subnets

OIA　　3.3.3.3[110/65]via 192.168.23.3,e0/1

　　4.0.0.0/24 is subnetted,2 subnets

OE1　　4.4.0.0[110/178]via 192.168.23.3,e0/1

OE2　　4.4.1.0[110/100]via 192.168.23.3,e/1

C　　192.168.23.0/24 is directly connected,e0/1

OIA　192.168.34.0/24[110/128]via 192.168.23.3,e/0/1

路由器R2有“i L2”的路由，又学到OSPF的“O IA”的路由，也有从R4重分布进来的“O E2”路由。特别是对于R4两个环路接口的路由条目。

R3#show ip route

……

OE2 192.168.12.0/24[110/20]via 192.168.32.2,0/1

　　1.0.0.0/24 is subnetted,1 subnets

OE2　　1.1.1.0[110/50]via 192.168.23.2,e0/1

　　2.0.0.0/24 is subnetted,1 subnets

OE2　　2.2.2.0[110/50]via 192.168.23.2,e0/1

OE1　　4.4.0.0[110/114]via 192.168.34.4,e0/0

OE2　　4.4.0.0[110/100]via 192.168.34.4,e0/0

R4#show ip route

……

OE2 192.168.12.0/24[110/20]via 192.168.34.3,e0/0

1.0.0.0/24 is subnetted,1 subnets

OE2 1.1.1.0[110/50]via 192.168.34.3,e0/0

2.0.0.0/24 is subnetted,1 subnets

OE2 2.2.2.0[110/20]via 192.168.34.3,e0/0

3.0.0.0/32 is subnetted,1 subnets

O 3.3.3.3[110/65]via 192.168.34.3,e0/0

4.0.0.0/24 si subnetted,2 subnets

OIA 192.168.34.0/24[110/128]via 192.168.34.3,e0/0

路由器 R4 有 OSPF 的“o”和“OIA”的路由，也有 R2 重分布进来的“OE2”路由。

3.1.6 策略路由

策略路由提供了根据网络管理者指定的标准来进行数据包转发的一种机制。基于策略的路由比传统路由能力更强，使用更灵活，根据预先定义策略进行判断，匹配成功则按照一定的转发策略进行报文转发，因此策略路由是优先于路由表执行的数据包转发机制，比目的路由更灵活的路由机制。这种灵活性表现在匹配规则可以基于标准和扩展访问控制列表，也可以基于报文的长度，还可以基于不同应用，而转发策略可以控制报文按照指定的策略路由表进行转发，也可以修改报文的 IP 服务字段。

1. 策略路由配置

（1）定义匹配规则，Match 用来定义匹配的条件，匹配语句在路由器的输入端口对数据包进行检测。常用匹配条件包括 IP 地址、接口、度量值以及数据包长度等。

（2）创建路由映射，Set 定义对符合匹配条件的语句采取的行为。

2. 应用策略路由

有以下注意事项：

（1）使用 Route-map 来配置策略路由的流程，策略路由只对入向数据包有效；不符合路由映射任何策略的数据包将按照正常的路由转发进行处理，符合路由映射中某个策略的数据包就按照该策略中定义的操作进行处理。

（2）第一 Route map 最后默认“Deny Any”。这个 Deny 的使用结果依赖于这个 Route Map 是怎样使用的。如果一个数据包对于 Route Map 没有匹配项，它会按照正常的目的地址路由转发，而对于路由条目如果 Route Map 没有匹配项，则被拒绝。

（3）一个 Route Map 可以包含多个 Route Map 语句，这些语句的执行顺序像 ACL 一样，从上到下被执行。

3. 策略路由应用案例

策略路由应用案例如图 3-18 所示。

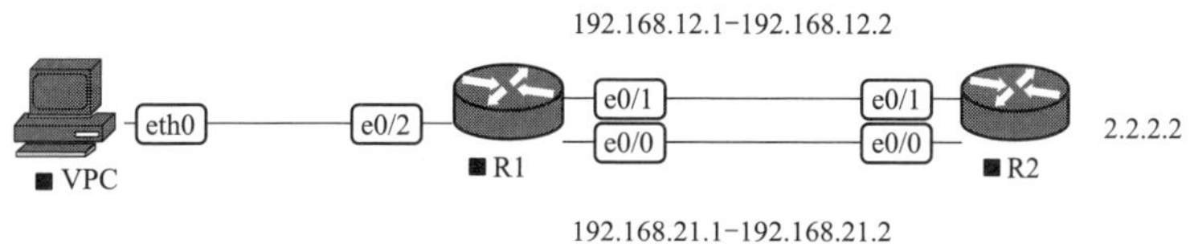

图 3-18　策略路由应用案例

策略配置：

R1(config)#ip access-list extended HTTP

R1(config-ext-nacl)#permit tcp any any eq 80

R1(config)#ip acceess-list extended Telnet

R1(config-ext-nacl)#permit tcp any any eq 23

R1(config)#route-map Cisco permit 10

R1(config-route-map)#match ip address HTTP

R1(config-route-map)#set ip next-hop 192. 168. 12. 2

R1(config)#route-map Cisco permit 20

R1(config-route-map)#match ip addressTelnet

R1(config-route-map)#set ip next-hop 192. 168. 21. 2

R1(config)#interface e0/2

R1(config-if)#ip policy route-map Cisco

R1(config)＃ip local policy route-map CCIE

策略结果：

（1）在主机上访问 2.2.2.2 的 HTTP 服务，路由器 R1 上显示的调试信息如下：

R1＃debug ip policy

* IP;s=10.1.1.1(e0/2),d=2.2.2.2,len 48,FIB policy match

* IP;s=10.1.1.1(e0/2),d=2.2.2.2,g=192.168.12.2,len 48,FIB policy routed

以上输出信息表明 HTTP 的数据包在接口“e0/2”匹配策略，执行策略路由，设置数据包下一跳地址为 192.168.12.2

（2）在主机上访问 2.2.2.2 的 Telnet 服务，路由器 R1 上显示的调试信息如下：

R1＃debug ip policy

* IP;s=10.1.1.1(e0/2),d=2.2.2.2,len 43,FIB policy match

* IP;s=10.1.1.1(e0/2),d=2.2.2.2,g=192.168.21.2,len 43,FIB policy routed

以上输出信息表明 Telnet 的数据包在接口“e0/2”匹配策略，执行策略路由，设置数据包下一跳地址为 192.168.21.2。

3.2 组 播 通 信

IP 单播依赖路由表的查找建立一对一的会话，当应用并发数量规模增长的时候，对带宽和服务器的压力快速增加，且缓解的办法有限，因此一对多的组播方式即 IP 组播在远程教学、视频点播 VOD 服务、定向电子商务，IPTV 网络电视等领域得到了广泛应用。

3.2.1 IP 组播基础

3.2.1.1 组播通信中的基本术语

（1）组播组：组播 IP 地址进行标识的一个应用，组播成员共享这一个组播组 IP 地址，组播成员都可以监听到这个组播 IP 地址所转发的内容。加入一个组播组就成为该组成员，可以识别并接收发往该组播组的组播数据。

（2）组播源：以组播组 IP 地址为目的地址，发送 IP 报文的信息源称为组播源。组播源不需要加入组播组，仅仅把源信息登记注册在汇聚点即可。

（3）组播组成员：所有加入某组播组的接收者都是该组播组的成员，组播组中的成员是动态的，主机可以在任何时刻加入或离开组播组。

（4）组播路由器：支持三层组播功能的路由器或三层交换机，组播路由器不仅能够提供组播路由功能，末端组播路由器也能够提供组播组成员的管理功能。

3.2.1.2 IP 组播模型

根据对组播源处理方式的不同，IP 组播模型有 ASM（Any-Source-Multicast，任意源组播）、SFM（Source-Filtered Multicast，过滤源组播）和 SSM（Source-SpecificMulticast，指定源组播）3 种。

1. ASM 模型

简单说，ASM（任意源组播）模型就是任意源都可以成为组播源。由此可知，ASM 模型中的组播源是不限定的，任意一个发送者都可以成为组播源，然后向某组播组地址发送数据，显然安全性较差。接收者通过加入对应的组播组就可以获得发往该组播组的任意组播数据，而且接收者无法预先知道组播源的位置，但可以在任意时间加入或离开该组播组。为提高安全性，可以在路由器上配置针对组播源的过滤策略，允许或禁止来自某些组播源的报文通过。最终从接收者角度看，数据是经过筛选的。

ASM 模型中组播组可以使用的组播 IP 地址为 224.0.1.0～231.255.255.255、233.0.0.0～238.255.255.255。但要求组播组地址必须整个组播网络中唯一。“唯一”指的是同一时刻一个 ASM 组播组地址只能被一种组播应用使用。如果有两种不同的应用程序使用了同一个 ASM 组播组地址发送数据，它们的接收者会同时收到来自两个源的数据。这样一方面会导致网络流量拥塞，另一方面也会给接收者主机造成困扰。

2. SFM 模型

SFM（过滤源组播）模型继承了 ASM 模型，从发送者角度来看两者的组播组成员关系完全相同，也可以是任意组播源。但是，在 SFM 模型中组播上层应用软件可以根据收到的组播包的源 IP 地址进行过滤，允许或禁止来自某些组播源的包通过。这样一来，接收者就可以只接收允许通过的组播源发送来的组播数据。即 SFM 在 ASM 的基础上添加了组播源过滤策略。

3. SSM 模型

用户可能只对某些组播源发送的组播数据感兴趣，而不愿接收其他源发送的数据。SSM（指定源组播）模型就是一种为用户提供能够在客户端指定组播源的传输服务。

SSM 模型与 ASM 模型的根本区别在于：SSM 模型中的接收者已经通过其他手段预先知道了所需接收组播数据的组播源的具体位置，限定了可接收的组播源。然后，SSM 模型使用与 ASM/SFM 模型不同的组播组地址范围（为 232.0.0.0～232.255.255.255），直接在接收者和其指定的组播源之间建立专用的组播转发树。

3.2.2 IGMP 协议原理与配置

IGMP 就是因特网组管理协议，是在接收者和其直播相邻的组播路由器之间建立，维护组播组成员关系的协议。IGMP 协议原理与配置如图 3-19 所示，其作用可以分为两个方面：主机侧通过 IGMP 协议向路由器通告组成员关系；路由器侧通过 IGMP 协议查询维护组成员关系，做出是否转发组播流量的决定。

IGMPv1 支持两种类型的报文：

（1）通用组查询报文（General Query）：路由器周期性地向 224.0.0.1 地址（表示同一网段内所有主机和路由器）发送通用查询报文，默认查询周期为 60 秒，发送周期可以通过命令配置。

（2）成员关系报告报文（Membership Report）：用于主机加入某个组播组。

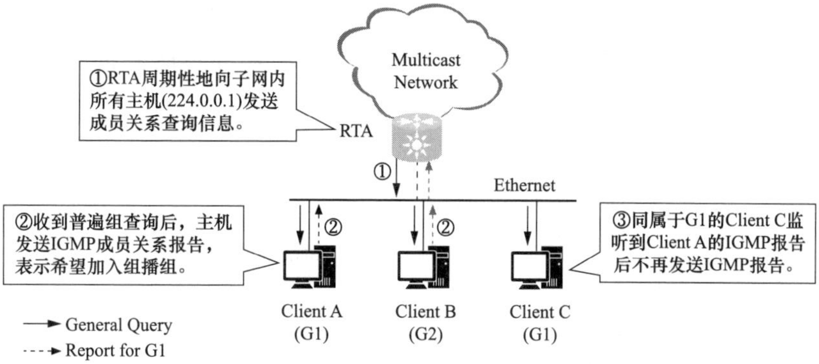

图 3-19　IGMP 协议原理与配置

IGMPv2 的工作原理与 IGMPv1 非常相似，但是针对两个问题进行了改进，现如今网络中使用比较多的就是 ICMPv2 协议。

改进一：组成员离开。如图 3-20 所示，在 IGMPv2 中，Client B 离开组播组 G2 的过程如下：

① Client B 向本地网段内的所有组播路由器发送针对组 G2 的离开报文。

② 查询器收到离开报文，会发送针对 G2 的特定组查询报文，同时启动组成员关系定时器 Timer-Membership＝发送间隔 x 发送次数（2s）。缺省每隔 1 秒发送一次，一共发送两次，发送间隔和发送次数可以配置。2s 相比于 v1 的 130s 大大缩短。

③ 如果网段内不存在其他组 G2 的成员，则路由器不会收到组 G2 的成员报告报文。在 Timer-Membership 超时后，删除组播转发表项中对应的下游接口。路由器将不再向该网段转发 G2 的组播数据。如果网段内还有 G2 的其他成员，则这些成员在收到特定组查询报文后，会在最大响应时间内发送 G2 的成员报告报文。路由器继续向该网段转发 G2 的组播数据。

改进二：相对于 IGMPv1，IGMPv2 使用独立的查询器选举机制。所有 IGMPv2 路由器在初始状态时都认为自己是查询器，向本地网段内的所有主机和路由器发送普遍组查询报文。其他路由器在收到该报文后，将报文的源 IP 地址与自己的接口地址做比较。IP 地址最小的路由器将成为查询器，其他路由器成为非查询器。

所有非查询器上都会启动一个定时器。如果在该定时器超时前收到了来自查询器的查询报文，则重置该定时器；否则就认为原查询器失效并发起新的查询器选举。

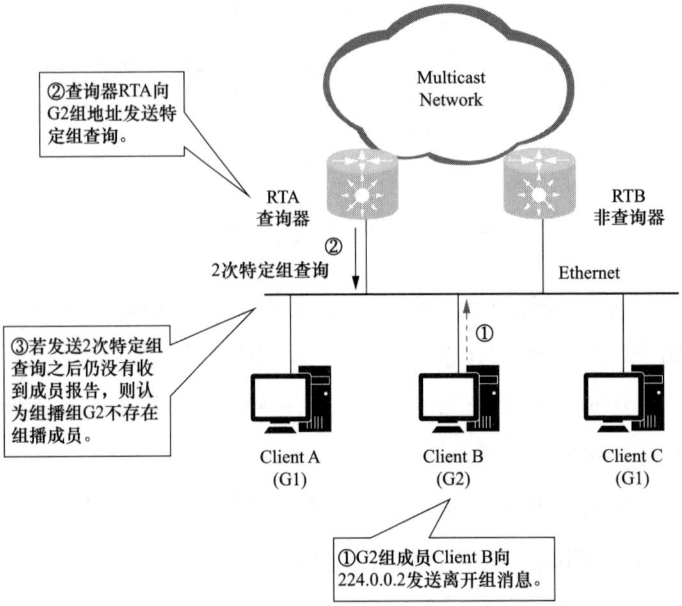

图 3-20 IGMPv2 组成员离开

IGMPv3 没有定义专门的成员离开报文，成员离开通过特定类型的报告报文来传达。查询报文中不仅包含普遍组查询报文和特定组查询报文，还新增了特定源组查询报文（Group-and-Source-Specific Query），如图3-21所示。

IGMP 配置主要在路由器端，接收端主机只需下载相关组播软件即可。

3.2.3 PIM 协议原理与配置

PIM（Protocol Independent Multicast，协议无关路由）是典型的域内组播路由协议。目前常用版本是 PIMv2，PIM 报文直接封装在 IP 报文中，协议号为 103，组播地址为 224.0.0.13。PIM 直接利用单播路由表的路由信息进行组播报文 RPF 检查，创建组播路由表项，转发组播路由。

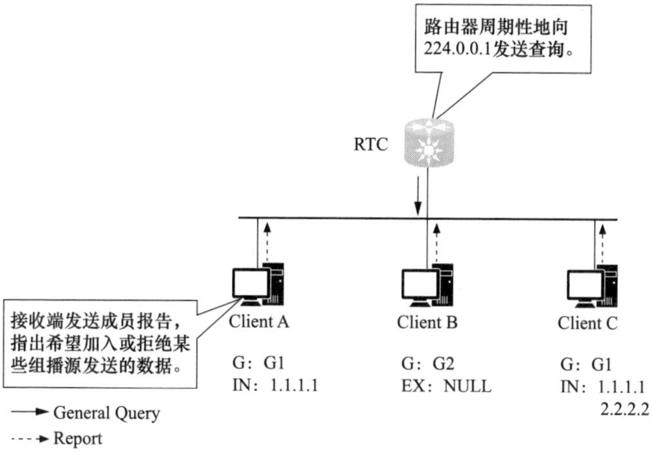

图 3-21　IGMPv3 组成员离开

（1）无论网络中的组成员有多少，每条链路上相同的组播数据最多只有一份。

（2）被传递的组播数据在距离组播源尽可能远的分叉路口才开始复制和分发。

1. PIM 路由表项

PIM 路由表项即通过 PIM 协议建立的组播路由表项。PIM 网络中存在两种路由表项：（S，G）路由表项或（＊，G）路由表项。S 表示组播源，G 表示组播组，＊表示任意。

（S，G）路由表项主要用于在 PIM 网络中建立 SPT。对于 PIM-DM 网络和 PIM-SM 网络适用。

（，G）路由表项主要用于在 PIM 网络中建立 RPT。对于 PIM-SM 网络适用。

PIM 路由器上可能同时存在两种路由表项。当收到源地址为 S，组地址为 G 的组播报文，且 RPF 检查通过的情况下，按照如下的规则转发：如果存在（S，G）路由表项，则由（S，G）路由表项指导报文转发；如果不存在（S，G）路由表项，只存在（，G）路由表项，则先依照（＊，G）路由表项创建（S，G）路由表项，再由（S，G）路由表项指导报文转发。

2. PIM的模式

PIM有PIM-DM（Protocol Independent Multicast-Dense Mode）和PIM-SM（Protocol Independent Multicast -Sparse Mode）两种模式。

（1）PIM-DM的工作机制如图3-22所示。

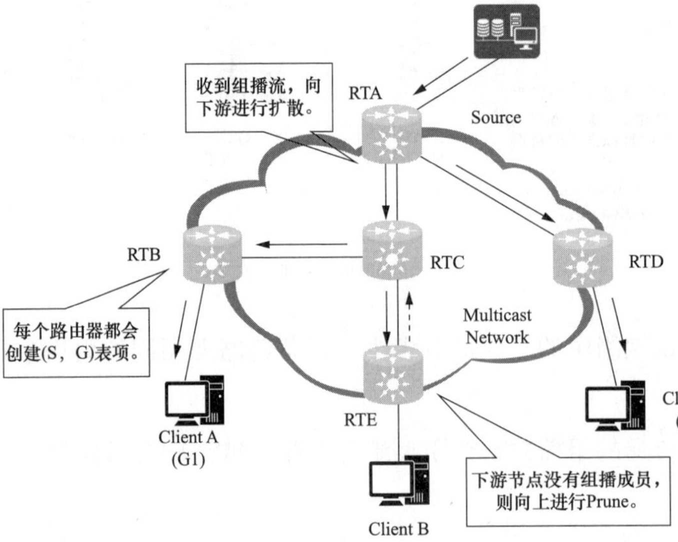

图3-22 PIM-DM的工作机制

1）邻居发现：在PIM-DM网络中，路由器周期性发送Hello消息来发现、建立并维护邻居关系。周期是30秒。

2）扩散与剪枝：PIM-DM假设网络中所有主机都准备接收组播数据，当某组播源开始向组播组G发送数据时，具体过程如下：①路由器接收到组播报文时会进行RPF检查；②如果RPF检查通过，则创建（S，G）表项，然后将数据向所有下游PIM-DM节点转发，这个过程称为扩散(Flooding)；③如果RPF检查没有通过，则将报文丢弃。为了防止组播报文在转发过程中出现重复报文及环路的情况，路由器必须执行RPF检查。

当下游有没有组播成员，扩散组播报文会导致带宽资源的浪费。为避免带宽的浪费PIM-DM使用剪枝机制。

PIM-DM的扩散—剪枝机制周期性进行，每3分钟重复一次，RTC对

RTE所在网段处于剪枝状态，RTC对RTE的接口会维护一个“剪枝定时器”，当剪枝定时器超时，RTC就会恢复对RTE的数据转发，这样会导致不必要的网络资源浪费。

3）状态刷新：离组播源最近的第一跳RTA周期性触发State Refresh消息。State Refresh消息在全网扩散，刷新所有设备上的剪枝定时器状态。

4）嫁接Graft机制：新的组成员加入组播组后，快速得到组播报文。

5）断言Assert机制：避免重复组播报文。

（2）PIM-SM的工作机制。对于PIM-DM的局限性，PIM-SM可以提供相对更加有效的解决方案。相对于PIM-DM的“推（Push）模式”，PIM-SM使用“拉（Pull）模式”转发组播报文，如图3-23所示。

PIM-SM的关键机制包括邻居建立、DR竞选、RP发现、RPT构建、组播源注册、SPT切换、Assert；同时也可通过配置BSR（Bootstrap Router）管理域来实现单个PIM-SM域的精细化管理。＊＊PIM-SM中PIM邻居建立过程以及Assert机制与PIM-DM相同。

PIM-SM的关键任务包括：①建立RPT（汇聚点树也称共享树）；②建立SPT（最短路径树）。

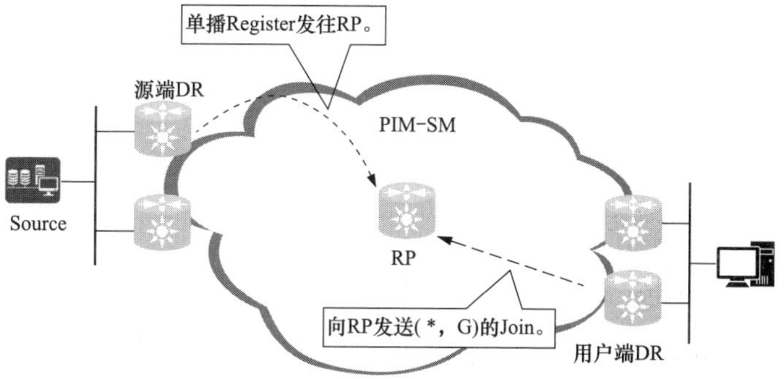

图3-23　PIM-SM的工作机制

3.2.4　PIM协议中的RP（汇聚点）

RP是PIM-SM域中的核心路由器，担当RPT树根节点。共享树里所有组播流量都要经过 RP 转发给接收者。RP 可以静态指定，也可动态选举。

静态指定是指由管理员在每台 PIM-SM 路由器上进行配置，使得每台路由器获知 RP 的位置。

动态选举是指通过专用协议在若干台 C-RP（Candidate-RP）中选举产生。管理员需要开启选举协议并配置若干台 PIM-SM 路由器成为 C-RP。

1. 动态选举 RP 流程

（1）auto-RP 决策比较流程：①ACL 的精确匹配，选 IP 地址大的；②如果有 2 台 MA RP 的话，从 2 台收到的 RP 通告，选后到的优先；③现网中一般候选 RP 与 MA RP 为同一台路由器，为了方便，只进行一次 RPF 检查；④候选者每 60 秒发送一次 RP 通告信息给 MA，180 秒超时。

（2）配置命令：前提是接口开启了 ip pim sparse-dense-mode。

1）候选 RP 配置：ip pim send-rp-announce 接口 scopet TTL 值 group-list ACL 号，指定候选 RP 的接口 TTL 值和为哪个组的候选 RP，如果不写 ACL，则通告想成为所有组播组的 RP。

2）MA 配置：ip pim send rp-discovery 接口 scopet TTL 值，这里的接口为 MA 泛洪时的源 IP。

3）auto-RP 默认在 sparse-dense-mode 环境下运行，如果在 sparse-mode 下，要输入以下命令：

全局下：ip pim autorp listenet。

2. BSR 公有技术

（1）候选者 RP：通过单播方式与 BSR 通信。

（2）BSR 路由器：相当于 auto-RP 里的 MA，但是没有决策权，只有收集通告和泛洪通告的权利。通过组播通告给普通路由器，目的 IP 为 224.0.0.13. 决策权在普通路由器自身。

（3）如为普通路由器，从 BSR 路由器收到 2 个 RP 通告信息（即都说自己是某组播地址的 RP），则开始进行决策：首先根据 ACL，最长掩码匹配，之后比较优先级，选小的，最后要较小的 IP 地址。

（4）如果有 2 个 BSR 路由器，则要选一个最优的置为 active 状态，只有最优的才通告 RP 信息，比较原则：先比较优先级，要大的（默认都为 0），后比较 IP 地址，要大的。这里 BSR 路由器具有抢占性。

（5）BSR 掩码部分是控制负载均衡的，不写默认为 0，不负载。

如果写 30 公式为 32－30＝22 的 2 次方为 4，1 个 RP 占 4 个组 224.0.1.0—224.0.1.3 掩码配置根据公式推算，不能配置为 24 位或 24 位以下，否则会错误，例如 1 个 RP 占 256 个以上的组。

（6）配置命令：

1）候选者 RP：ip pim rp-candidate 接口 group-list ACL 号 priority 优先级。

2）BSR 路由器：ip pim bsr-candidate 接口掩码（可以不写，默认为 0）优先级。

3）边界保护：接口下 ip pim bsr-border BSR 路由器不发送 RP 通告信息。

4 广域网边缘技术及网络管理

广域网边缘是指企业园区网络、数据中心、私有云等连接到互联网的区域，除传统的 NAT、VPN 技术外，软件定义的技术已经开始普及，例如思科的 SD-WAN 软件定义广域网技术；集中化的管理企业广域网资源，灵活地依据企业业务需求定义隧道，实现和物理线路管理的分离。

4.1 广域网技术简介

网络按照所覆盖的范围分为 LAN，MAN 以及 WAN，广域网所覆盖的范围是最广、最大的，承载的数据也是海量的，对可靠性和转发效率的要求也是最严格的。

纵观广域网组网技术的发展，是一个带宽不断升级的过程：最早出现的 X. 25 只能提供 64Kb/s 的带宽，其后 DDN（数字数据网）和 FR（帧中继）使带宽提高到 2Mb/s，SDH（Synchronous Digital Hierachy，同步数字结构）和 ATM（Asynchronous Transfer Mode，异步传输模式）又把带宽提升到 2. 5Gb/s，到目前长三角区域城际以太的带宽已经达到惊人的 100G。

当然，期间也出现多种演进的接入的带宽增长：PSTN 公用电话交换网 64kbit/s 接入，128kbit/s 的 ISDN 综合数字业务网接入，xDSL 数字用户线接入最高可达 8Mbit/s，目前 FTTH/FTTB 以用户需要的光网络灵活带宽接入。

4. 1. 1 HDLC 和 PPP 原理与配置

广域网中经常会使用串行链路来提供远距离的数据传输载体，高级数据链路控制 HDLC（High-Level Data Link Control）和点对点协议 PPP (Point to Point Protocol）是两种典型的串行链路封装协议。

1. PPP 协议的优点

PPP 协议是一种点到点链路层协议，主要用于在全双工的同异步链路上进行点到点的数据传输，PPP 协议有如下优点：

1）PPP 既支持同步传输又支持异步传输。

2）PPP 协议具有很好的扩展性，例如，当需要在异步交换环境上承载 PPP 协议时，PPP 可以扩展为 PPPoA；当需要在以太网链路上承载 PPP 协议时，PPP 可以扩展为 PPPoE。

3）PPP 提供了 LCP（Link Control Protocol）协议，用于各种链路层参数的协商；

4）PPP 提供了各种 NCP（Network Control Protocol）协议（如 IPCP、IPXCP），用于各网络层参数的协商，更好地支持了网络层协议。

5）PPP 支持认证协议：CHAP（Challenge-Handshake Authentication Protocol）、PAP（Password Authentication Protocol），更好地保证了网络的安全性。

6）无重传机制，网络开销小，速度快。

7）支持多条链路捆绑，增加带宽的同时提供负载和冗余。

2. PPP 链路建立过程

Dead 阶段也称为物理层不可用阶段。当通信双方的两端检测到物理线路激活时，就会从 Dead 阶段迁移至 Establish 阶段，即链路建立阶段。在 Establish 阶段，PPP 链路进行 LCP 参数协商。协商内容包括最大接收单元 MRU、认证方式、魔术字（Magic Number）等选项。LCP 参数协商成功后会进入 Opened 状态，表示底层链路已经建立。

多数情况下，链路两端的设备需要经过认证阶段（Authenticate）后才能够进入到网络层协议阶段。PPP 链路在缺省情况下是不要求进行认证的，如果要求认证，则在链路建立阶段必须指定认证协议。认证方式是在链路建立阶段双方进行协商的。如果在这个阶段再次收到了 Configure-Request 报文，则又会返回到链路建立阶段。

在 Network 阶段，PPP 链路进行 NCP 协商。通过 NCP 协商来选择和配置一个网络层协议并进行网络层参数协商。只有相应的网络层协议协商成功后，该网络层协议才可以通过这条 PPP 链路发送报文。如果在这个阶段收到了 Configure-Request 报文，也会返回到链路建立阶段。

NCP 协商成功后，PPP 链路将保持通信状态。PPP 运行过程中，可以随时中断连接，例如物理链路断开、认证失败、超时定时器时间、管理员通过配置关闭连接等动作都可能导致链路进入 Terminate 阶段。

在 Terminate 阶段，如果所有的资源都被释放，通信双方将回到 Dead 阶段，直到通信双方重新建立 PPP 连接。

3. PPP 参考拓扑及配置案例

PPP 参考拓扑如图 4-1 所示，配置案例如下：

图 4-1 PPP 参考拓扑

1）在 R1 上：

R1(config)＃interface serial 0/0

R1(config-if)＃ip address 12.1.1.1 255.255.255.0

R1(config-if)＃no shutdown

在 R2 上：

R2(config)＃interface serial 0/0

R2(config-if)＃ip address 12.1.1.2 255.255.255.0

R2(config-if)＃no shutdown

测试直连是否通：在 R1 上：

R1＃ping12.1.1.2

2）查看接口的封装类型。在 R1 上：

R1＃show interfaces serial 0/0

Serial0/0 is up,line protocol is up Hardware is M4T

Internet address is 12.1.1.1/24

MTU 1500 bytes,BW 1544 Kbit,DLY 20000 usec,reliability 255/255,txload 1/255,rxload 1/255

Encapsulation HDLC,crc 16,loopback not set

//以上显示表明此接口的封装类型为 H DLC，这也是 CISCO 在串口上的默认封装方式。

————以下部分省略————

3）修改此接口的封装类型为 PPP。

在 R1 上：

R1(config)#interface serial 0/0

R1(config-if)#encapsulation ppp

//进入到接口下打以上命令，改变了此接口的封装类型为 PPP。

*Mar 1 00:15:30.819:%LINEPROTO-5-UPDOWN:Line protocol on Interface Serial0/0,changed state to down

//以上提示是说接口的协议层 down 掉了，想一想原因是什么？是线路的双端封装类型不一致。这时要到对方去改变接口的封装也为 PPP。

在 R2 上：

R2(config)#interface serial 0/0

R2(config-if)#encapsulation ppp

*Mar 1 00:19:47.355:%LINEPROTO-5-UPDOWN:Line protocol on Interface Serial0/0,changed state to up

//双端都改成 PPP 以后，线路就起来了。

【注意】用命令 show interfaces serial 0/0 显示串行接口时，常见以下几种状态：

1）Serial0/0 is up，line protocol is up

//链路正常。

2）Serial0/0 is administratively down，line protocol is down

//没有打开该接口，执行“no shutdown”可以打开接口。

3）Serial0/0 is up，line protocol is down

//物理层正常，数据链路层有问题，通常是没有配置时钟、两端封装不匹配、PPP 认证错误。

4）Serial0/0 is down，line protocol is down

//物理层故障，通常是连线问题。

4.1.2 PPPoE 原理与配置

PPPoE（Point-to-Point Protocol Over Ethernet）是将点对点协议（PPP）封装在以太网（Ethernet）框架中的一种网络隧道协议。由于协议中集成 PPP 协议，所以实现了传统以太网不能提供的身份验证、加密以及压缩等功能。本质上，它是一个允许在以太网广播域中的两个以太网接口间创建点对点隧道的协议。

4.1.2.1 PPPoE 协议的工作流程

PPPoE 协议的工作流程包含发现和会话两个阶段。

1. 发现（Discovery）阶段

在发现（Discovery）阶段中，用户主机以广播方式寻找所连接的所有接入集线器（或交换机），并获得其以太网 MAC 地址。然后选择需要连接的主机，并确定所要建立的 PPP 会话标识。发现阶段有 4 个步骤，当此阶段完成，通信的两端都知道 PPPoE SESSION-ID 和对端的以太网地址，他们一起唯一定义 PPPoE 会话。这 4 个步骤如下：

（1）主机广播发起分组（PADI）（PPPOE Active Discovery Initiation），分组的目的地址为以太网的广播地址 0×ffffffffffff，CODE（代码）字段值为 0×09，SESSION-ID（会话 ID）字段值为 0×0000。PADI 分组必须至少包含一个服务名称类型的标签（标签类型字段值为 0×0101），向接入集中器提出所要求提供的服务。

（2）接入集中器收到在服务范围内的 PADI 分组，发送 PPPoE 有效发现提供包（PADO）（PPPOE Active Discovery Offer）分组，以响应请求。其中 CODE 字段值为 0×07，SESSION-ID 字段值仍为 0×0000。PADO 分组必须包含一个接入集中器名称类型的标签（标签类型字段值为 0×0102），以及一个或多个服务名称类型标签，表明可向主机提供的服务种类。

（3）主机在可能收到的多个 PADO 分组中选择一个合适的 PADO 分

组，然后向所选择的接入集中器发送 PPPoE 有效发现请求分组（PADR）(PPPOE Active Discovery Request)。其中 CODE 字段为 0×19，SESSION_ID 字段值仍为 0×0000。PADR 分组必须包含一个服务名称类型标签，确定向接入集线器（或交换机）请求的服务种类。当主机在指定的时间内没有接收到 PADO，它应该重新发送它的 PADI 分组，并且加倍等待时间，这个过程会被重复期望的次数。

(4) 接入集中器收到 PADR 分组后准备开始 PPP 会话，它发送一个 PPPoE 有效发现会话确认（PADS）（PPPOE Active Discovery Session-confirmation）分组。其中 CODE 字段值为 0×65，SESSION-ID 字段值为接入集中器所产生的一个惟一的 PPPoE 会话标识号码。PADS 分组也必须包含一个接入集中器名称类型的标签以确认向主机提供的服务。当主机收到 PADS 分组确认后，双方就进入 PPP 会话阶段。

2. PPP 会话阶段

用户主机与接入集中器根据在发现阶段所协商的 PPP 会话连接参数进行 PPP 会话。一旦 PPPoE 会话开始，PPP 数据就可以以任何其他的 PPP 封装形式发送。所有的以太网帧都是单播的。PPPoE 会话的 SESSION-ID 一定不能改变，并且必须是发现阶段分配的值。

PPPoE 还有一个 PADT 分组，它可以在会话建立后的任何时候发送，来终止 PPPoE 会话，也就是会话释放。它可以由主机或者接入集中器发送。当对方接收到一个 PADT 分组，就不再允许使用这个会话来发送 PPP 业务。PADT 分组不需要任何标签，其 CODE 字段值为 0×a7，SESSION-ID 字段值为需要终止的 PPP 会话的会话标识号码。在发送或接收 PADT 后，即使正常的 PPP 终止分组也不必发送。PPP 对端应该使用 PPP 协议自身来终止 PPPoE 会话，但是当 PPP 不能使用时，可以使用 PADT（PPPOE Active Discovery Terminate）结束。

对应于上面介绍的 PPPoE 协议工作的两个阶段，PPPoE 帧格式也包括两种类型：发现阶段的以太网帧中的类型字段值为 0×8863；PPP 会话阶段的以太网帧中的类型字段值为 0×8864，均已得到 IEEE 的认可。

4.1.2.2 PPPoE 参考拓扑

PPPoE 参考拓扑如图 4-2 所示。

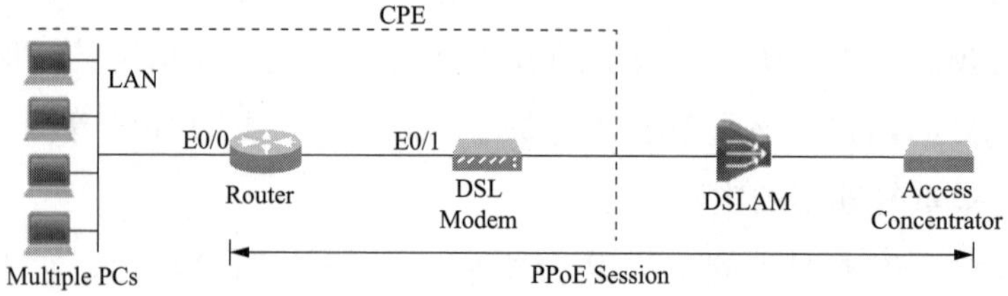

图 4-2 PPPoE 参考拓扑

4.1.2.3 PPPoE 配置

1. 客户端配置

interface Dialer 1	//创建一个虚拟会话接口
dialer user cisco	//设置在次虚拟会话接口下的用户名
dialer bundle 1	//设置虚拟会话接口捆绑序列号
ppp chap user cisco	//设置 ppp 认证的用户名
ppp chap password simple cisco	//设置 ppp 认证的密码
ip address ppp-negotiate	//设置虚拟会话接口的地址方式为协商模式
interface g0/0/1	//进入接口
pppoe-client dial-bundle-number 1	//将虚拟会话接口关联到物理链路接口
ip router static 0.0.0.0 0.0.0.0 Dialer 1	//配置默认路由的下一跳地址都要为拨号接口

2. 服务器端配置

ip pool server	配置地址池分配给远端客户端
network 12.1.1.0 mask 24	设置地址池的网段
dns-list 8.8.8.8	设置地址池的 dns

gateway-list 12.1.1.254	设置网关地址
aaa	进入 aaa 模式
local-user huawei password cipher huawei	设置数据库存放的用户名和密码
local-user huawei service-type ppp	设置用户服务的协议类型
interface Virtual-Template 1	进入 Virtual-Template 接口
ip address 12.1.1.254	设置 Virtual-Template 接口 ip
ppp authentication-mode chap	设置 ppp 认证模式
remote address pool server	设置分配给远方客户端的地址从地址池获得
interface g0/0/1	进入接口
pppoe-server bind virtual-template 1	绑定到物理链路中

4.2 接入公共网络

因特网接入技术是指连接因特网用户（subscriber）和因特网服务提供商（internet service provider，ISP）的数据通信系统所涉及的相关技术。提到接入网，首先要涉及接入介质问题，光缆、电缆或者 4G/5G 无线接入，其次就是宽带业务，另外就是接入企业自身业务需求，是否对外提供内容服务，或者是否需要 VPN 专线业务。

4.2.1 访问控制列表

访问控制列表（ACL）是一种基于包过滤的访问控制技术，它可以根据设定的条件对接口上的数据包进行过滤，允许其通过或丢弃；另外也可以作为选择匹配工具，对某一些选定的网络进行访问控制。借助于访问控制列表，可以有效地控制用户对网络的访问，从而最大限度地保障网络安全。

缺省的情况下，网络设备上没有启用访问控制列表，不会控制流量；网络设备启用了访问控制以后，每个数据包经过关联有访问控制列表的接口时，都会与其中的语句从上到下一行一行进行比对，以便决定符合该传入数据包的模式。

1. 访问控制列表的应用场景

(1) 控制网络或子网对网络设备的访问，例如对于网络设备，仅仅网络管理员所在的网络可以访问，其他网络都需要拒绝。

(2) 控制网络流量，例如根据不同的网段或者用户，引导流量访问不同的服务提供商，实现广域网流量负载均衡。

(3) 基本防火墙功能，例如，访问控制列表可以根据 TCP 握手机制判断数据包是否始发于园区网内部，如果始发于内部的数据包回应的报文可以通过，否则丢弃，实现基本的防火墙功能。

(4) 控制应用，例如，访问控制列表根据五元组信息，可以基于应用的端口，允许特定应用，实现对应用层的控制。

(5) 分类或匹配，例如，访问控制列表可以匹配特定网络，这个结果可以被其他工具所引用，模块化 QoS 配置可以引用访问控制列表匹配的应用，Route-map 工具也可以引用其匹配特定网络。

(6) 屏蔽主机以允许或拒绝对网络服务的访问。ACL 可以允许或拒绝用户访问特定文件类型，例如 FTP 或 HTTP。

2. 访问控制列表的类型

访问控制列表 ACL 的类型主要分为 IP 标准访问控制列表（Standard IP ACL）和 IP 扩展访问控制列表（Extended IP ACL）两大类。

(1) IP 标准访问控制列表（Standard IP ACL）。标准 ACL 根据源 IP 地址允许或拒绝流量。数据包中包含的目的地址和端口无关紧要。

(2) IP 扩展访问控制列表（Extended IP ACL）。扩展 ACL 根据多种属性（例如，协议类型、源和 IP 地址、目的 IP 地址、源 TCP 或 UDP 端口、目的 TCP 或 UDP 端口）过滤 IP 数据包，并可依据协议类型信息（可选）进行更为精确的控制。

此外还包括一些复杂的 ACL，例如命名 ACL，基于时间的 ACL，动态 ACL，自反 ACL 等。

ACL 要么配置用于入站流量，要么用于出站流量。入站 ACL 传入数据包经过处理之后才会被路由到出站接口。入站 ACL 非常高效，如果数据包被丢弃，则节省了执行路由查找的开销。当测试表明应允许该数据包后，路由器才会处理路由工作。

如果数据包报头与某条 ACL 语句匹配，则会跳过列表中的其他语句，由匹配的语句决定是允许还是拒绝该数据包。如果数据包报头与 ACL 语句不匹配，那么将使用列表中的下一条语句测试数据包。此匹配过程会一直继续，直到抵达列表末尾。最后一条隐含的语句适用于不满足之前任何条件的所有数据包。这条最后的测试条件与这些数据包匹配，并会发出“拒绝”指令。此时路由器不会让这些数据进入或送出接口，而是直接丢弃它们。最后这条语句通常称为“隐式 deny any 语句”或“拒绝所有流量”语句。由于该语句的存在，ACL 中应该至少包含一条 permit 语句，否则 ACL 将阻止所有流量。出站 ACL 传入数据包路由到出站接口后，由出站 ACL 进行处理。

在数据包转发到出站接口之前，路由器检查路由表以查看是否可以路由该数据包。如果该数据包不可路由，则丢弃它。接下来，路由器检查出站接口是否配置有 ACL。如果出站接口没有配置 ACL，那么数据包可以发送到输出缓冲区。

4.2.2 网络地址转换

网络地址转换（network address translation，NAT）诞生于 1994 年，它是在 IPv4 地址资源面临枯竭的背景下提出的。NAT 的设计初衷之一是为了作为 IPv6 全面部署之前的过渡策略（现在已成为 IPv6 部署推进滞后的原因之一），采用 NAT 之后，互联网地址就不再需要是全球唯一的，因此可以在互联网的不同部分［称为地址范围（address realm）］被重复使用。允许在多个范围中的地址重复使用，大大缓解了地址耗尽的问题。此外，NAT 可以与防火墙相结合形成复合设备，这种设备已成为用于连接终端用户最为常见的路由器类型。

NAT本质上是一种允许在互联网的不同地方重复使用相同的IP地址集的机制，如图4-3所示。使用NAT最常见的情况是，唯一与Internet连接的站点仅被分配了很少的几个IP地址（甚至只有一个IP地址），但是内部却有多台主机需要同时上网。当所有进出的流量均通过一个单独的NAT设备时，该设备将内部系统的地址空间和全球互联网地址空间分割开，因此所有的内部系统可以使用本地分配的私有IP地址访问互联网。

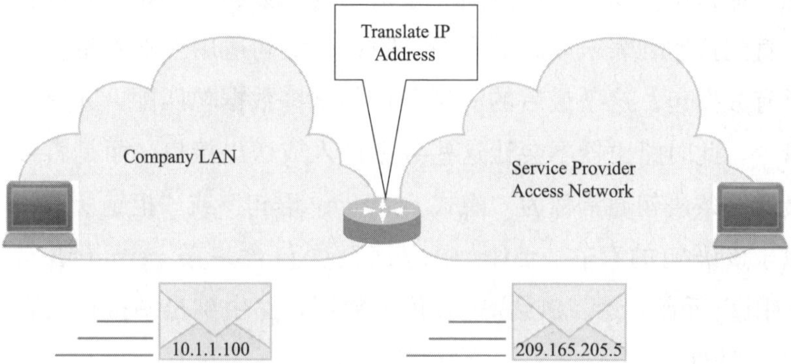

图4-3　网络地址转换

NAT的引入用以解决两个问题：其一，IP地址枯竭和关于路由可扩展性的担忧。NAT刚推出的时候仅作为权宜之计，直到一些具有更大地址空间的协议（IPv6）被广泛部署为止。其二，无类别域间路由（CIDR）的发展解决了路由可扩展性的问题，NAT则减少了对具备全局路由的互联网地址的需求，同时提供了一些防火墙的功能，并且仅需要很少的配置。快速发展和广泛使用的NAT严重影响了IPv6的推进进程（在IPv6的诸多益处中，其中一项就是不再需要NAT），当然基于IPv6的应用还很少也是一个因素。

NAT存在几个缺点，最明显的是需要做特殊配置才能使处于NAT内部的主机能够提供可供互联网访问的服务，因为互联网上的用户无法直接访问具备私有地址的主机。此外，为了使NAT正常工作，每一个隶属于同一个连接或关联的双向数据包都必须通过相同的NAT。这是因为NAT必须重写每个数据包的寻址信息，以便私有地址空间的系统和Internet主机之间能够正常通信。在许多方面，NAT 和互联网协议的基本宗旨是背道而驰的。

NAT 的工作原理就是重写通过路由器的数据包的识别信息。这种情况常发生在数据传输的两个方向上。在这种最基本的形式中，NAT 需要重写往一个方向传输的数据包的源 IP 地址，重写往另一个方向的数据包的目的 IP 地址。这允许传出的数据包的源 IP 地址变为 NAT 路由器中面向 Internet 的网络接口地址（全局地址），而不是原始主机的接口地址。通俗来说，NAT 路由器将其管理的内部主机发送的数据包的源 IP 地址由局部地址变为全局地址，从外部传输过来的数据包则做相反转换以分配到合适的内部主机。因此，在互联网上的主机看来，数据包是来自于具备全局路由 IP 的 NAT 路由器，而不是位于 NAT 内部的私有地址的主机。大多数的 NAT 同时执行转换（translation）和包过滤（packet filtering）。

传统的 NAT 包括基本 NAT（basic NAT）和网络地址端口转换（Network Address Port Translation，NAPT）。基本 NAT 只执行 IP 地址的重写，本质上就是将私有地址改写为一个公共地址——往往取决于一个由 ISP 提供的地址池或公有地址范围。basic NAT 也分为静态和动态两种，主要区别是其维护的 NAT 地址映射表的一对一映射关系是静态不变的还是动态可变的。basic NAT 无助于减少需要使用的 IP 地址数量，因为这要求全局可路由的地址数量必须大于或等于希望同时访问 Internet 的内部主机数量。

NAPT 端口地址转换配置案例如下：

步骤 1：配置路由器 R1 提供 NAT 服务。

R1(config)＃ip nat pool NAT 202.96.1.3 202.96.1.100 netmsask 255.255.255.0

R1(config)＃ip nat side source list 1 pool NAT over //配置 PAT

R1(config)＃access-list 1 permit 192.168.1.0 0.0.0.255

R1(config)＃interface g0/0

R1(config-if)＃ip nat inside

R1(config-if)＃interface s0/0

R1(config-if)＃ip nat outside

步骤 2：实验调试。

在 PC1 访问 2.2.2.2（路由器 R2 的环回接口）的 WWW 服务，在 PC2 上分别 Telnet 和 ping 2.2.2.2（路由器 R2 的环回接口），调试结果如下：

（1）debug ip nat

R1＃debug ip nat

＊Mar 4 01;53;47.983;NAT＊;s=192.168.1.1->202.96.1.3,d=2.2.2.2[20056]

＊Mar 4 01;53;47.995;NAT＊;s=2.2.2.2,d=202.96.1.3->192.168.1.1[46201]

……

＊Mar 4 01;54;03.015;NAT＊;s=192.168.1.2->202.96.1.4,d=2.2.2.2[20787]

＊Mar 4 01;54;03.219;NAT＊;s=2.2.2.2,d=202.96.1.4->192.168.1.2[12049]

……

（2）show ip nat translations

R1＃show ip nat translations

Pro Inside global	Inside local	Outside local	Outside global
tcp 202.86.1.3;1732	192.168.1.1;1732	2.2.2.2;80	2.2.2.2;80
icmp 202.96.1.3;4	192.168.1.2;4	2.2.2.2;4	2.2.2.2;4
tcp 202.96.1.3;12320	192.168.1.2;12320	2.2.2.2;23	2.2.2.2;23

以上输出表明进行 PAT 转换使用的是同一个 IP 地址的不同端口号。

start 202.96.1.3 end 202.96.1.100

type generic,total addresses 98,allocated 1(1%),misses 0

Queued Packets;0

4.3 电力物联网对安全的要求

网络特性影响安全，虽然IT网络和OT网络开始融合，但在如何操作和处理流量方面，它们仍然保持着许多不同的特征，这些差异会影响在安全策略上下文中如何对待它们。在OT设备安全准入后，回传数据和会话过程中，使用IPSec隧道保护数据，在计算节点，入侵检测、沙盒保护不明来历的应用程序；当威胁发生时，安全设备可以联动，隔离受到感染的主机，即使有病毒发生，感染的文件都可以被跟踪和监控，更重要的是整个系统应该是可视化和可管理的。

4.3.1 IT和OT安全差异

1. IT网络

在IT环境中，有许多不同的数据流。从典型的IT端点发出的通信数据流走得比较远。它们经常通过交换机层遍历网络，最终到达一组本地或远程服务器，它们可以直接连接到这些服务器。以电子邮件、文件传输或打印服务形式出现的数据很可能都将被发送到中央数据中心，在那里它将在更多的本地服务（如打印机）中响应或触发操作。在电子邮件或Web浏览的情况下，端点发起的操作将脱离企业网络的限制，并可能在地球上传播。

2. OT网络

相比之下，在OT环境（级别0-3）中通常有两种类型的操作流量。第一个是本地流量，它可能包含在一个特定的包或区域中，以提供本地监视和闭环控制。这是用于实时（或接近实时）流程的流量，不需要离开流程控制级别。第二种类型的流量用于监视和控制区域或整个系统。SCADA流量就是一个很好的例子，其中关于远程设备的信息或来自函数的摘要信息在系统层面共享，以便操作人员能够了解整个系统或部分系统如何运行。然后，它们可以根据这些信息实现适当的控制命令。

当 IT 端点通信时，通常是与许多连接进行简短而频繁的对话。通信的本质是开放的，几乎任何人都可以与任何人交谈，比如通过电子邮件或浏览。尽管存在明显的访问控制，但这些控制大多位于应用程序级别，而不是网络级别。

IT 网络通常更加成熟，使用最新的技术。这些成熟的现代网络实践对于满足 IT 环境所需的高度灵活性至关重要。虚拟网络、虚拟工作空间和虚拟服务器非常常见。很可能有各种各样的设备类型在任何时候都积极地参与到任何给定的网络中。因此，灵活的互用性至关重要。为了实现互用性，通常只有很少的专有通信活动，并且重点通常放在开放标准上。向 IPv6 的迁移仍在继续，高阶网络服务［如服务质量（QoS)］也很正常。端点不仅在它们的通信中是混杂的，而且它们操作来自大量不同供应商的大量应用程序。这些计算系统的开放性意味着有大量的协议正在穿越 OT 网络。

工业网络通常仍然依赖串行通信技术，或者混合了串行和以太网。这意味着不仅许多设备缺乏 IP 功能，而且甚至不可能像监视 IP 或以太网那样监视和保护串行通信。在某些环境中，网络保持非常静态，这意味着可以建立一个流量模式的基线，并监视其变化。在静态环境中，可以更容易地管理和保护设备、协议和流量的可见性。然而，移动设备和特别连接的持续增长，尤其是在交通和智能城市等行业，以及其他众多行业移动机队资产的增长。这些动态和可变的网络很难基线化、监视和保护。

4.3.2 安全优先级：完整性、可用性和机密性

安全优先级由每个环境中的资产的性质驱动。在 IT 领域，最关键的元素和攻击目标是信息。在 OT 领域中，关键资产是流程参与者，即工人和设备。基于这些差异，安全优先级也存在差异。

在 IT 商业世界中，有法律、法规和商业义务来保护数据，特别是那些可能受雇于或不受雇于组织的个人的数据。这种对隐私的强调着重于数据的保密性、完整性和可用性，而这些数据不一定在系统或物理资产上。与

它可以保存或提供访问的信息相比，丢失计算设备的影响被认为是最小的。相比之下，在OT世界中，由于安全漏洞导致设备丢失意味着生产停止，公司无法进行基本的运营。存储在这些设备上的信息丢失是一个较低的问题，但在操作环境中肯定存在机密数据集，这些数据集可能会产生经济影响，比如配方和流程。

在操作空间中，过程参与者的安全和连续性被认为是最为关键的问题。因此，我们的目标是设备的持续正常运行时间和操作人员的安全。其结果是强调可用性、完整性和机密性。损失的影响甚至延伸到生命的损失。

4.4 隧道技术

隧道技术是一种通过使用互联网络的基础设施在网络之间传递数据的方式，包括数据封装、传输和解封装的全过程。使用隧道传递的数据（或负载）可以是不同协议的数据帧或包，隧道协议将这些其他协议的数据帧或包重新封装在新的包头中发送，新的包头提供了路由信息，从而使封装的负载数据能够通过互联网络传递。

被封装的数据包在隧道的两个端点之间通过公共互联网络进行路由，被封装的数据包在公共互联网络上传递时所经过的逻辑路径称为隧道，一旦到达网络终点，数据将被解包并转发到最终目的地。

4.4.1 IPSec VPN 原理与配置

IPSec 全称为 Internet Protocol Security，是由 Internet Engineering Task Force（IETF）定义的安全标准框架，它规定了一系列的协议标准。作为一种开放标准的安全框架结构，所有的安全厂商都支持该标准。IPSecVPN 提供在不安全的公共网络上为两个私有网络提供安全通信隧道，通过加密通道保证连接的安全，同时还可以保障会话数据包完整性和防重放。

IPSec VPN 体系框架主要由 AH（Authentication Header）、ESP（Encapsulating Security Payload）和 IKE（Internet Key Exchange）协议组件组成。

AH 协议主要功能有数据源认证、数据完整性校验和防报文重放功能。然而，AH 并不加密所保护的数据报。

ESP 协议除了能够提供 AH 协议的所有的功能外，还可提供对 IP 报文的加密功能，但是其数据完整性校验不包括 IP 头部。

IKE 协议用于在公共不安全的网络自动协商 AH 和 ESP 所使用的密码算法及交换密钥。

SA（Security Association）安全联盟定义了 IPSec 通信对等体间将使用的数据封装模式、认证和加密算法、密钥等参数，安全联盟是单向的，两个对等体之间的双向通信，至少需要两个 SA。

IPSec 协议有传输模式和隧道模式两种封装模式。传输模式中，在 IP 报文头和高层协议之间插入 AH 或 ESP 头，AH 或 ESP 主要对上层协议数据提供保护。①传输模式中的 AH：在 IP 头部之后插入 AH 头，对整个 IP 数据包进行完整性校验。②传输模式中的 ESP：在 IP 头部之后插入 ESP 头，在数据字段后插入尾部以及认证字段。对高层数据和 ESP 尾部进行加密，对 IP 数据包中的 ESP 报文头，高层数据和 ESP 尾部进行完整性校验。③传输模式中的 AH+ESP：在 IP 头部之后插入 AH 和 ESP 头，在数据字段后插入尾部以及认证字段。对高层数据和 ESP 尾部进行加密，对整个 IP 数据包进行完整性校验。

在隧道模式下，IPSec 会另外生成一个新的 IP 报头，并封装在 AH 或 ESP 之前。

IPSec 站点到站点 VPN 配置案例如下：

1. 配置流程

1）配置网络基本的连通性；

2）配置感兴趣流；

3）配置 IKE 策略；

4）配置转换策略；

5）配置策略映射；

6）在接口下应用策略。

2. 参考拓扑（见图 4-4）

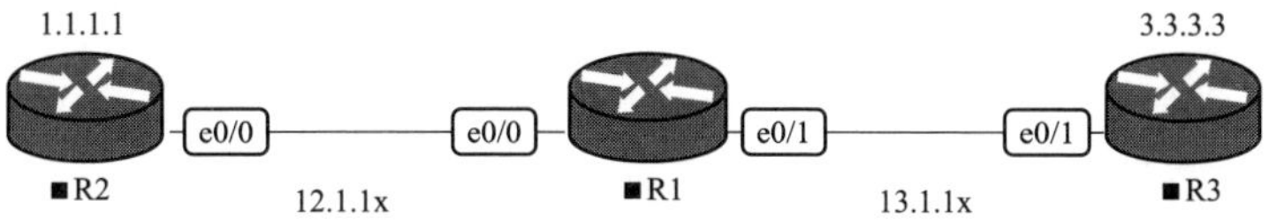

图 4-4　IPSec 站点到站点 VPN 配置案例参考拓扑

第一部分：基础配置

1. R2 基础配置

```
Enable
Config t
hostname R2
interface Loopback0
    ip address 2. 2. 2. 2 255. 255. 255. 0
exit
interfacee0/0
    ip address 12. 1. 1. 2 255. 255. 255. 0
No shut
exit
ip route 0. 0. 0. 0 0. 0. 0. 0 12. 1. 1. 1
```

2. R1 基础配置

```
Enable
Config t
hostname R1
interfacee0/0
    ip address  12. 1. 1. 1 255. 255. 255. 0
No shut
```

Exit

interface　e0/1

ip add 13. 1. 1. 1 255. 255. 255. 0

No shut

exit

3. R3 基础配置

Enable

Config t

hostname R3

interface Loopback0

　　ip address 3. 3. 3. 3 255. 255. 255. 0

exit

interface　e0/1

　　ip address ip add 13. 1. 1. 3 255. 255. 255. 0

No shut

exit

ip route 0. 0. 0. 0 0. 0. 0. 0 13. 1. 1. 1

第二部分：IPSec 配置

*先定义一个感兴趣策略（需要加密的通信流量）

1. IKE Phase I Policy

协商策略（策略可以建立多个，发起方会将自己的所有策略发给对方，对方会按收到的序号最小的开始匹配；双方完全匹配的策略会由对方发回到发起方，表示确认，并使用此策略）：

R2（config）＃crypto isakmp policy 2　　　　<＝＝＝策略号只是本地有效（建议两端相同，不一样也不影响协商）

R2（config-isakmp）＃authentication pre-share　<＝＝＝认证方法(Pre-share/rsa-encr/rsa-sig)

R2（config-isakmp）＃hash md5　<＝＝＝对协商包进行完整性保护

R2（config-isakmp）＃encryption 3des <＝＝＝对协商的数据进行"3des" 加密（两端一定要相同）

R2（config-isakmp）＃group 2 <＝＝＝两端组号一定要相同（不同的组：加密的位数也不相同）

R2（config-isakmp）＃lifetime 60 <＝＝＝多少秒后，重新协商（默认为：86400 second ）

R2（config）＃crypto isakmp key 0 cisco address 13.1.1.3 <＝＝＝使用“Pre-share”认证方式，才要输入此命令

“cisco”：预共享密码两端一定要一样

R3(config)＃crypto isakmp policy 3

R3(config-isakmp)＃authentication pre-share

R3(config-isakmp)＃hash md5

R3(config-isakmp)＃encryption 3des

R3(config-isakmp)＃group 2

R3(config)＃crypto isakmp key 0 cisco address 12.1.1.2

2. IKE Phase II Policy

定义转换集（本地所有的转换集要发往对方，让对方匹配自己的转换集，然后返回确认；可设置多个）：

R2(config)＃crypto ipsec transform-set cisco esp-des esp-sha-hmac

"cisco"：transform-set 的名字

"esp-des esp-sha-hmac"：transform-set 的加密和认证方式（选择"esp-null"：不对数据加密）

R2(cfg-crypto-trans)＃mode tunnel <＝＝＝可选择 transport/tunnel

定义感兴趣流：

R2(config)＃ access-list 101 permit ip 2.2.2.0 0.0.0.255 3.3.3.0 0.0.0.255

或者：R2(config)＃ip access-list extended VPN

R2(config-ext-nacl)# permit ip 2.2.2.0 0.0.0.255 3.3.3.0 0.0.0.255

定义 MAP：

R2(config)#crypto map cisco 10 ipsec-isakmp

"cisco"：定义 MAP 的名字

"10"：序号

"ipsec-isakmp"：可选择 ipsec-isakmp（自动）/ipsec-manual(手动)

R2(config-crypto-map)#set peer 13.1.1.3 ＜＝＝＝当满足了感兴趣流之后，和"13.1.1.3"建立 peer

R2(config-crypto-map)#set transform-set cisco ＜＝＝＝调用名字为"cisco"的 transform-set

或者： R2(config-crypto-map)#set transform-set cisco ＜＝＝＝后面可写多个"transform-set"

R2(config-crypto-map)#match address 101 ＜＝＝＝匹配"101"(或者是"VPN")的感兴趣流

R3(config)#crypto ipsec transform-set cisco esp-des esp-sha-hmac

R3(cfg-crypto-trans)#mode tunnel

R3(config)# access-list 101 permit ip 3.3.3.0 0.0.0.255 2.2.2.0 0.0.0.255

R3(config)#crypto mapcisco 10 ipsec-isakmp

R3(config-crypto-map)#set peer 12.1.1.2

R3(config-crypto-map)#set transform-set cisco

R3(config-crypto-map)#match address 101

Apply VPN Configuration：

3. 在接口上调用名字为"cisco" 的 MAP

R2(config)#interfacef0/0

R2(config-if)#crypto map cisco

R3(config)#interfacef0/1

R3(config-if)#crypto mapcisco

第三部分：测试和调试及排除错误

R2#debug cryptoisakmp　　<===查看第一阶段的 IKE

R2#debug crypto ipsec　　<===查看第二阶段的 IKE

IPSEC 中 Lan-to-Lan 的建立过程：

R2#ping 3.3.3.3 source 2.2.2.2

Type escape sequence to abort.

Sending 5,100-byte ICMP Echos to 3.3.3.3,timeout is 2 seconds:

Packet sent with a source address of 2.2.2.2

*Mar　1 00:55:40.767:IPSEC(sa_request):,

(key eng. msg.)OUTBOUND local=12.1.1.2,remote=13.1.1.3,<==由于 ping 包的触发,开始建立 IPSEC 通道

local_proxy=2.2.2.0/255.255.255.0/0/0(type=4),

remote_proxy=3.3.3.0/255.255.255.0/0/0(type=4),

protocol=ESP,transform=esp-des esp-sha-hmac　(Tunnel),

lifedur=3600s and 4608000kb,

spi=0x5E39E570(1580852592),conn_id=0,keysize=0,flags=0x400B

*Mar　1 00:55:40.767:ISAKMP:received ke message(1/1)　<===IKE 的第一阶段

*Mar　1 00:55:40.771:ISAKMP(0:0):SA request profile is(NULL)

*Mar　1 00:55:40.771:ISAKMP:local port 500,remote port 500

*Mar　1 00:55:40.771:ISAKMP:set new node 0 to QM_IDLE

*Mar　1 00:55:40.771:ISAKMP:Find a dup sa in the avl tree during calling isadb_insert sa=628E53B8

*Mar　1 00:55:40.771:ISAKMP(0:2):Can not start Aggressive

mode,trying Main mode.

* Mar 1 00:55:40.775:ISAKMP:Looking for a matching key for 13.1.1.3 in default :success

* Mar 1 00:55:40.775:ISAKMP(0:2):found peer pre-shared key matching 13.1.1.3

* Mar 1 00:55:40.775:ISAKMP(0:2):constructed NAT-T vendor-07 ID

* Mar 1 00:55:40.775:ISAKMP(0:2):constructed NAT-T vendor-03 ID

* Mar 1 00:55:40.775:ISAKMP(0:2):constructed NAT-T vendor-02 ID

* Mar 1 00:55:40.775:ISAKMP(0:2):Input=IKE_MESG_FROM_IPSEC,IKE_SA_REQ_MM

* Mar 1 00:55:40.775:ISAKMP(0:2):Old State=IKE_READY New State=IKE_I_MM1

IKE 第一阶段的第一个包的交换

* Mar 1 00:55:40.775:ISAKMP(0:2):beginningMain Mode exchange <==开始使用 Main mode

* Mar 1 00:55:40.775:ISAKMP(0:2):sending packet to 13.1.1.3 my_port 500 peer_port 500(I)MM_NO_STATE 发协包到对方 PEER"13.1.1.3"源端口:500 目标端口:500

* Mar 1 00:55:40.963:ISAKMP(0:2):received packet from 13.1.1.3 dport 500 sport 500 Global(I)MM_NO_STATE

* Mar 1 00:55:40.967:ISAKMP(0:2):Input=IKE_MESG_FROM_PEER,IKE_MM_EXCH

* Mar 1 00:55:40.967:ISAKMP(0:2):Old State=IKE_I_MM1 New State=IKE_I_MM2

IKE 第一阶段的第二个包的交换

* Mar 1 00:55:40.967:ISAKMP(0:2):processing SA payload. message ID=0

* Mar 1 00:55:40.967:ISAKMP(0:2):processing vendor id payload

* M. !!!!

Success rate is 80 percent(4/5), round-trip min/avg/max=12/12/12 ms

R2#ar 1 00:55:40.971:ISAKMP(0:2):vendor ID seems Unity/DPD but major 245 mismatch

* Mar 1 00:55:40.971:ISAKMP(0:2):vendor ID is NAT-T v7

* Mar 1 00:55:40.971:ISAKMP:Looking for a matching key for 13.1.1.3 in default :success

* Mar 1 00:55:40.971:ISAKMP(0:2):found peer pre-shared key matching 13.1.1.3

* Mar 1 00:55:40.971:ISAKMP(0:2)local preshared key found

* Mar 1 00:55:40.971:ISAKMP :Scanning profiles for xauth...

* Mar 1 00:55:40.971:ISAKMP(0:2):Checking ISAKMP transform 1 against priority 2 policy

* Mar 1 00:55:40.971:ISAKMP: encryption 3DES-CBC

* Mar 1 00:55:40.971:ISAKMP: hash MD5

* Mar 1 00:55:40.971:ISAKMP: default group 2

* Mar 1 00:55:40.971:ISAKMP: auth pre-share

* Mar 1 00:55:40.971:ISAKMP: lifetype in seconds

* Mar 1 00:55:40.975:ISAKMP: life duration(basic)of 60

* Mar 1 00:55:40.975:ISAKMP(0:2):atts are acceptable. Next payload is 0 <===表示策略匹配协商完成

* Mar 1 00:55:41.143:ISAKMP(0:2):processing vendor id payload

* Mar 1 00:55:41.143:ISAKMP(0:2):vendor ID seems Unity/DPD but major 245 mismatch

* Mar 1 00:55:41.143:ISAKMP(0:2):vendor ID is NAT-T v7

* Mar 1 00:55:41.143:ISAKMP(0:2):Input=IKE_MESG_INTERNAL, IKE_PROCESS_MAIN_MODE

* Mar 1 00:55:41.143:ISAKMP(0:2):Old State=IKE_I_MM2

New State=IKE_I_MM2

* Mar 1 00:55:41.147:ISAKMP(0:2):sending packet to 13.1.1.3 my_port 500 peer_port 500(I)MM_SA_SETUP

* Mar 1 00:55:41.151:ISAKMP(0:2):Input=IKE_MESG_INTERNAL,IKE_PROCESS_COMPLETE

* Mar 1 00:55:41.151:ISAKMP(0:2):Old State=IKE_I_MM2 New State=IKE_I_MM3

IKE 第一阶段的第三个包的交换

* Mar 1 00:55:41.371:ISAKMP(0:1):purging node-1572961127

* Mar 1 00:55:41.383:ISAKMP(0:2):received packet from 13.1.1.3 dport 500 sport 500 Global(I)MM_SA_SETUP

* Mar 1 00:55:41.387:ISAKMP(0:2):Input=IKE_MESG_FROM_PEER,IKE_MM_EXCH

* Mar 1 00:55:41.387:ISAKMP(0:2):Old State=IKE_I_MM3 New State=IKE_I_MM4

IKE 第一阶段的第四个包的交换

* Mar 1 00:55:41.387:ISAKMP(0:2):processing KE payload. message ID=0

* Mar 1 00:55:41.603:ISAKMP(0:2):processing NONCE payload. message ID=0

* Mar 1 00:55:41.607:ISAKMP:Looking for amatching key for 13.1.1.3 in default :success

* Mar 1 00:55:41.607:ISAKMP(0:2):found peer pre-shared key matching 13.1.1.3

* Mar 1 00:55:41.607:ISAKMP(0:2):SKEYID state generated <===当第三、四个包完成后，就会产生 SKEYID

* Mar 1 00:55:41.607:ISAKMP(0:2):processing vendor id payload

* Mar 1 00:55:41.607:ISAKMP(0:2):vendor ID is Unity

*Mar 1 00:55:41.611:ISAKMP(0:2):processing vendor id payload

*Mar 1 00:55:41.611:ISAKMP(0:2):vendor ID is DPD

*Mar 1 00:55:41.611:ISAKMP(0:2):processing vendor id payload

*Mar 1 00:55:41.611:ISAKMP(0:2):speaking to another IOS box!

*Mar 1 00:55:41.611:ISAKMP(0:2):Input=IKE_MESG_INTERNAL,IKE_PROCESS_MAIN_MODE

*Mar 1 00:55:41.611:ISAKMP(0:2):Old State=IKE_I_MM4 New State=IKE_I_MM4

*Mar 1 00:55:41.615:ISAKMP(0:2):Send initial contact

*Mar 1 00:55:41.615:ISAKMP(0:2):SA is doing pre-shared key authentication using id type ID_IPV4_ADDR

*Mar 1 00:55:41.615:ISAKMP(0:2):ID payload

next-payload :8

type :1

address :12.1.1.2

protocol :17

port :500

length :12

*Mar 1 00:55:41.619:ISAKMP(2):Total payload length:12

*Mar 1 00:55:41.619:ISAKMP(0:2):sending packet to 13.1.1.3 my_port 500 peer_port 500(I)MM_KEY_EXCH

*Mar 1 00:55:41.623:ISAKMP(0:2):Input=IKE_MESG_INTERNAL,IKE_PROCESS_COMPLETE

*Mar 1 00:55:41.623:ISAKMP(0:2):Old State=IKE_I_MM4 New State=IKE_I_MM5

IKE 第一阶段的第五个包的交换

*Mar 1 00:55:41.643:ISAKMP(0:2):received packet from 13.1.1.3 dport 500 sport 500 Global(I)MM_KEY_EXCH

* Mar 1 00：55：41.647：ISAKMP（0：2）：processing ID payload. message ID=0

* Mar 1 00:55:41.647:ISAKMP(0:2):ID payload

next-payload :8

type :1

address :13.1.1.3

protocol :17

port :500

length :12

* Mar 1 00：55：41.647：ISAKMP（0：2）：processing HASH payload. message ID=0

* Mar 1 00:55:41.651:ISAKMP(0:2):SA authentication status:

authenticated

* Mar 1 00:55:41.651:ISAKMP(0:2):SA has been authenticated with 13.1.1.3

* Mar 1 00:55:41.651:ISAKMP(0:2):peer matches *none* of the profiles

* Mar 1 00:55:41.651:ISAKMP(0:2):Input=IKE_MESG_FROM_PEER,IKE_MM_EXCH

* Mar 1 00:55:41.651:ISAKMP(0:2):Old State=IKE_I_MM5 New State=IKE_I_MM6

IKE 第一阶段的第六个包的交换

* Mar 1 00:55:41.655:ISAKMP(0:2):Input=IKE_MESG_INTERNAL,IKE_PROCESS_MAIN_MODE

* Mar 1 00:55:41.655:ISAKMP(0:2):Old State=IKE_I_MM6 New State=IKE_I_MM6

* Mar 1 00:55:41.659:ISAKMP(0:2):Input=IKE_MESG_INTERNAL,IKE_PROCESS_COMPLETE

*Mar 1 00:55:41.659:ISAKMP(0:2):Old State=IKE_I_MM6 New State=IKE_P1_COMPLETE

*Mar 1 00:55:41.659:ISAKMP(0:2):received packet from 13.1.1.3 dport 500 sport 500 Global(I)MM_KEY_EXCH

*Mar 1 00:55:41.663:ISAKMP:set new node-1323939639 to QM_IDLE

*Mar 1 00:55:41.663:ISAKMP(0:2):processing HASH payload. message ID=-1323939639

*Mar 1 00:55:41.667:ISAKMP(0:2):processing DELETE payload. message ID=-1323939639

*Mar 1 00:55:41.667:ISAKMP(0:2):peer does not do paranoid keepalives

*Mar 1 00:55:41.667:ISAKMP(0:2):deleting node-1323939639 error FALSE reason "informational(in)state 1"

*Mar 1 00:55:41.667:ISAKMP(0:2):beginning Quick Mode exchange,M-ID of-426260398

IKE的第二阶段的快速模式的开始

*Mar 1 00:55:41.775:IPSEC(key_engine):got a queue event...

*Mar 1 00:55:41.775:IPSEC(key_engine_delete_sas):rec'd delete notify from ISAKMP

*Mar 1 00:55:41.779:ISAKMP(0:2):sending packet to 13.1.1.3 my_port 500 peer_port 500(I)QM_IDLE

*Mar 1 00:55:41.779:ISAKMP(0:2):Node-426260398,Input=IKE_MESG_INTERNAL,IKE_INIT_QM

*Mar 1 00:55:41.779:ISAKMP(0:2):Old State=IKE_QM_READY New State=IKE_QM_I_QM1

*Mar 1 00:55:41.779:ISAKMP(0:2):Input=IKE_MESG_INTERNAL,IKE_PHASE1_COMPLETE

*Mar 1 00:55:41.783:ISAKMP(0:2):Old State=IKE_P1_COMPLETE New State=IKE_P1_COMPLETE

*Mar 1 00:55:42.287:ISAKMP(0:2):received packet from 13.1.1.3 dport 500 sport 500 Global(I)QM_IDLE

*Mar 1 00:55:42.295:ISAKMP(0:2):processing HASH payload. message ID=−426260398

*Mar 1 00:55:42.295:ISAKMP(0:2):processing SA payload. message ID=−426260398

*Mar 1 00:55:42.295:ISAKMP(0:2):Checking IPSec proposal 1

*Mar 1 00:55:42.295:ISAKMP: transform 1,ESP_DES

*Mar 1 00:55:42.295:ISAKMP: attributes in transform:

*Mar 1 00:55:42.295:ISAKMP: encaps is 1(Tunnel)

*Mar 1 00:55:42.295:ISAKMP: SA life type in seconds

*Mar 1 00:55:42.295:ISAKMP: SA life duration(basic)of 3600

*Mar 1 00:55:42.295:ISAKMP: SA life type in kilobytes

*Mar 1 00:55:42.295:ISAKMP: SA life duration(VPI)of 0x0 0x46 0x50 0x0

*Mar 1 00:55:42.295:ISAKMP: authenticator is HMAC-SHA

*Mar 1 00:55:42.295:ISAKMP: group is 1

*Mar 1 00:55:42.299:ISAKMP(0:2):atts are acceptable.

*Mar 1 00:55:42.299:IPSEC(validate_proposal_request):proposal part #1,

(key eng. msg.)INBOUND local=12.1.1.2,remote=13.1.1.3,

local_proxy=2.2.2.0/255.255.255.0/0/0(type=4),

remote_proxy=3.3.3.0/255.255.255.0/0/0(type=4),

protocol=ESP,transform=esp-des esp-sha-hmac(Tunnel),

lifedur=0s and 0kb,

spi=0x0(0),conn_id=0,keysize=0,flags=0x12

*Mar 1 00:55:42.299:IPSEC(kei_proxy):head=huawei,map->ivrf=, kei->ivrf=

*Mar 1 00:55:42.303:ISAKMP(0:2):processing NONCE payload. message ID=-426260398

*Mar 1 00:55:42.303:ISAKMP(0:2):processing KE payload. message ID=-426260398

*Mar 1 00:55:42.431:ISAKMP(0:2):processing ID payload. message ID=-426260398

*Mar 1 00:55:42.431:ISAKMP(0:2):processing ID payload. message ID=-426260398

*Mar 1 00:55:42.443:ISAKMP(0:2):Creating IPSec SAs

*Mar 1 00:55:42.443: inbound SA from 13.1.1.3 to 12.1.1.2(f/i)0/ 0

(proxy 3.3.3.0 to 2.2.2.0)

*Mar 1 00:55:42.443: has spi 0x5E39E570 and conn_id 2000 and flags 13

*Mar 1 00:55:42.443: lifetime of 3600 seconds

*Mar 1 00:55:42.443: lifetime of 4608000 kilobytes

*Mar 1 00:55:42.443: has client flags 0x0

*Mar 1 00:55:42.443: outbound SA from 12.1.1.2 to 13.1.1.3 (f/i) 0/ 0(proxy 2.2.2.0 to 3.3.3.0)

*Mar 1 00:55:42.443: has spi 235339588 and conn_id 2001 and flags 1B

*Mar 1 00:55:42.443: lifetime of 3600 seconds

*Mar 1 00:55:42.443: lifetime of 4608000 kilobytes

*Mar 1 00:55:42.443: has client flags 0x0

*Mar 1 00:55:42.447:ISAKMP(0:2):sending packet to 13.1.1.3 my_port 500 peer_port 500(I)QM_IDLE

* Mar 1 00:55:42.447:ISAKMP(0:2):deleting node-426260398 error FALSE reason ""

* Mar 1 00:55:42.447:ISAKMP(0:2):Node-426260398,Input=IKE_MESG_FROM_PEER,IKE_QM_EXCH

* Mar 1 00:55:42.447:ISAKMP(0:2):Old State=IKE_QM_I_QM1 New State=IKE_QM_PHASE2_COMPLETE

* Mar 1 00:55:42.451:IPSEC(key_engine):got a queue event...

第二阶段完成后，就会建立 SA

* Mar 1 00:55:42.451:IPSEC(initialize_sas):,
(key eng. msg.)INBOUND local=12.1.1.2,remote=13.1.1.3,
local_proxy=2.2.2.0/255.255.255.0/0/0(type=4),
remote_proxy=3.3.3.0/255.255.255.0/0/0(type=4),
protocol=ESP,transform=esp-des esp-sha-hmac (Tunnel),
lifedur=3600s and 4608000kb,
spi=0x5E39E570(1580852592),conn_id=2000,keysize=0,flags=0x13 <===证明 SA 已经建立完成

* Mar 1 00:55:42.451:IPSEC(initialize_sas):,
(key eng. msg.)OUTBOUND local=12.1.1.2,remote=13.1.1.3,
local_proxy=2.2.2.0/255.255.255.0/0/0(type=4),
remote_proxy=3.3.3.0/255.255.255.0/0/0(type=4),
protocol=ESP,transform=esp-des esp-sha-hmac(Tunnel),
lifedur=3600s and 4608000kb,
spi=0xE06FF44(235339588),conn_id=2001,keysize=0,flags=0x1B

* Mar 1 00:55:42.455:IPSEC(kei_proxy):head=huawei,map->ivrf=,kei->ivrf=

* Mar 1 00:55:42.455:IPSEC(crypto_ipsec_sa_find_ident_head):reconnecting with the same proxies and 13.1.1.3

* Mar 1 00:55:42.455:IPSEC(add mtree):src 2.2.2.0,dest

3.3.3.0,dest_port 0

＊Mar 1 00:55:42.455:IPSEC(create_sa):sa created,

(sa)sa_dest=12.1.1.2,sa_prot=50,

sa_spi=0x5E39E570(1580852592),

sa_trans=esp-des esp-sha-hmac ,sa_conn_id=2000

＊Mar 1 00:55:42.455:IPSEC(create_sa):sa created,

(sa)sa_dest=13.1.1.3,sa_prot=50,

sa_spi=0xE06FF44(235339588),

sa_trans=esp-des esp-sha-hmac ,sa_conn_id=2001

＊Mar 1 00:55:51.371:ISAKMP(0:1):purging SA.,sa=62E3C24C, delme=62E3C24C

清除 IPSEC 中 Lan-to-Lan 的连接:

R2#clear crypto isakmp ＜===清除第一阶段的 IKE

R2#clear crypto sa

R2#show crypto isakmp sa

R2#show crypto ipsec sa

interface:Ethernet0/0

Crypto map tag:huawei,local addr 12.1.1.2 ＜===本端的地址

protected vrf:(none)

local ident(addr/mask/prot/port):(2.2.2.0/255.255.255.0/0/0) ＜====本端的感兴趣流

remote ident(addr/mask/prot/port):(3.3.3.0/255.255.255.0/0/0) ＜====远端的感兴趣流

current_peer 13.1.1.3 port 500 ＜====远端的地址和端口号

PERMIT,flags={origin_is_acl,}

#pkts encaps:3,#pkts encrypt:3,#pkts digest:3

#pkts decaps:3,#pkts decrypt:3,#pkts verify:3

#pkts compressed:0,#pkts decompressed:0

#pkts not compressed:0, #pkts compr. failed:0

#pkts not decompressed:0, #pkts decompress failed:0

#send errors 0, #recv errors 0

local crypto endpt. :12. 1. 1. 2, remote crypto endpt. :13. 1. 1. 3

path mtu 1500, ip mtu 1500

current outbound spi:0x5C587C54(1549302868)

inbound esp sas:

spi:0xECCDDAEC(3972913900)

transform:esp-des esp-sha-hmac,

in use settings={Tunnel,}

conn id:2001, flow_id:1, crypto map:huawei

sa timing:remaining key lifetime(k/sec):(4449567/3167)

IV size:8 bytes

replay detection support:Y

Status:ACTIVE

inbound ah sas:

inbound pcp sas:

outbound esp sas:

spi:0x5C587C54(1549302868) ＜＝＝＝本地"outbound"的"spi"，就是对方"inbound"的"spi"

transform:esp-des esp-sha-hmac,

in use settings={Tunnel,}

conn id:2002, flow_id:2, crypto map:huawei

sa timing:remaining key lifetime(k/sec):(4449567/3165)

SA Lifetime:Data-based/Time-based

假设两端时间不相同：由时间小的一端发起 PING 包是可通的，但由时间大的一端发起 PING 包是不通的。

IV size:8 bytes

replay detection support：Y

Status：ACTIVE

outbound ah sas：

outbound pcp sas：

R2＃show crypto map

Crypto Map "huawei" 10 ipsec-isakmp

Peer＝13. 1. 1. 3

Extended IP access list VPN

access-list VPN permit ip 2. 2. 2. 0 0. 0. 0. 255 3. 3. 3. 0 0. 0. 0. 255

Current peer：13. 1. 1. 3

Security association lifetime：4608000 kilobytes/3600 seconds ＜＝＝＝两端协商时间，使用小的时间（"Security association lifetime"中的"seconds"）

PFS（Y/N）：Y ＜＝＝＝重新做一次 Diffie-Hellman 交换

只有一端配置了 PFS：

（1）由配置了 PFS 的一端发起连接是可以成功的（但会显示"Attributes Not Supported"，然后继续协商）

（2）由没有配置了 PFS 的一端发起连接是不成功的

DH group： group1

Transform sets＝{

cisco，

}

Interfaces using crypto map huawei：

Ethernet0/0

更改 Security association lifetime：

R2（config）＃crypto ipsec security-association lifetime seconds 600

R2（config）＃crypto ipsec security-association lifetime kilobytes 10240

R2＃show crypto engine connections active

ID Interface	IP-Address	State	Algorithm	Encrypt	Decrypt
1 Ethernet0/0	12.1.1.2	set	HMAC _ MD5＋3DES _ 56 _ C	0	0
2001 Ethernet0/0	12.1.1.2	set	DES＋SHA	0	99
2002 Ethernet0/0	12.1.1.2	set	DES＋SHA	99	0

4.4.2 GRE 原理与配置

IPSec VPN 用于在两个端点之间提供安全的 IP 通信，但只能加密并传播单播数据，无法加密和传输语音、视频、动态路由协议信息等组播数据流量。通用路由封装协议 GRE（Generic Routing Encapsulation）提供了另外一种协议的报文封装，可以封装组播数据，支持动态路由协议，但是 GRE 本身并不提供加密功能，所以需要和 IPSec 结合使用，从而保证语音、视频等组播业务的安全。

4.4.2.1 GRE 隧道封装传递数据包的过程

（1）发送原始 IP 数据包，原始 IP 数据包包头的 IP 地址为私有 IP 地址。

（2）将原始 IP 数据包封装进 GRE 协议，封装的包头 IP 地址为虚拟直连链路两端的 IP 地址。

（3）将整个 GRE 数据包当作数据，如果穿越公网，则在外层封装公网 IP 包头，也就是隧道的起源和终点。

（4）接收 GRE 报文后，剥离 GRE 头，使用内部私有地址通信。

4.4.2.2 GRE 配置案例实验拓扑

GRE 配置案例实验拓扑如图 4-5 所示。

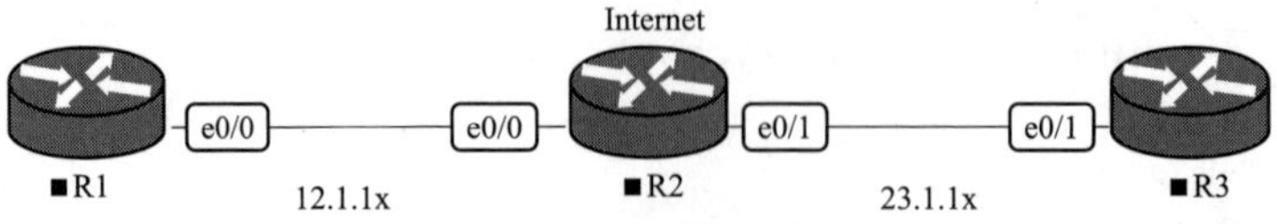

图 4-5 GRE 配置案例实验拓扑

4.4.2.3 GRE 配置案例

1. 基础网络配置

R1

interface Loopback0

ip address 1.1.1.1 255.255.255.0

interface Ethernet0/0

ip address 12.1.1.1 255.255.255.0

ip route 0.0.0.0 0.0.0.012.1.1.2

R2 模拟 Internet

interface Ethernet0/0

ip address 12.1.1.2 255.255.255.0

interface Ethernet0/1

ip address 23.1.1.2 255.255.255.0

R3

interface Loopback0

ip address 3.3.3.3 255.255.255.0

interface Ethernet0/1

ip address 23.1.1.3 255.255.255.0

ip route 0.0.0.0 0.0.0.0 23.1.1.2

2. GRE 配置

R1

interface Tunnel0

ip address 172.16.13.1 255.255.255.252

tunnel source 12.1.1.1

tunnel destination 23.1.1.3

R3

interface Tunnel0

ip address 172.16.13.2 255.255.255.252

tunnel source 23.1.1.3

tunnel destination 12.1.1.1

3. 配置 OSPF 动态路由协议

配置 OSPF

R1

router ospf 100

router-id 1.1.1.1

network 172.16.13.0 0.0.0.3 area 0

network 1.1.1.0 0.0.0.255 area 0

R2

router ospf 100

router-id 3.3.3.3

network 172.16.13.0 0.0.0.3 area 0

network 2.2.2.0 0.0.0.255 area 0

4. 实验测试

R1:ping 1.1.1.1

R3:trace 1.1.1.1

测试结果如图 4-6 所示。

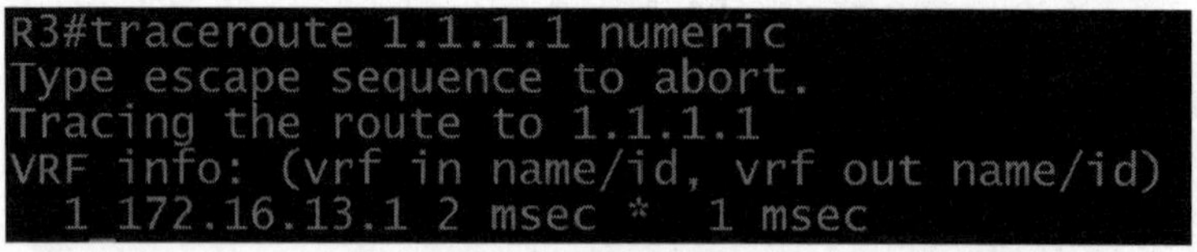

图 4-6 测试结果

4.4.3 动态多点 VPN 原理与配置

动态多点 VPN 即 DMVPN（Dynamic Multipoint VPN）是一种动态建立 VPN 隧道的技术。DMVPN 使用 NHRP（下一跳解析协议）技术在 Internet 网络环境下解析 Hub-And-Spoke 中动态 VPN 隧道端点的地址；并使用多点 GRE 隧道端口建立多点 GRE over IPSec VPN 隧道，克服了 IPSecVPN 站点到站点需要静态地址的不足，同时也减少了 VPN 站点之间的会话数量，同时支持组播，支持分支站点之间流量的直接转发。

4.4.3.1 动态多点 VPN 配置案例拓扑

动态多点 VPN 配置案例拓扑如图 4-7 所示。

4.4.3.2 要求

内部网络运行 OSPF，要求中心和分支可以相互学习到动态路由；中心到分支，分支到分支要部署 VPN 保护。

在 DMVPN 运行协议有两个注意点：

1）OSPF 网络类型如果是广播，HUB 点的路由器必须是 DR；

2）EIGRP 需要关闭水平分割。

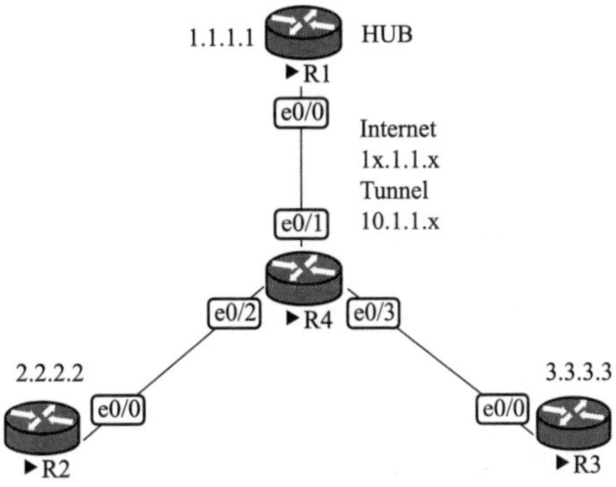

图 4-7 动态多点 VPN 配置案例拓扑

4.4.3.3 DMVPN HUB 配置

1. 配置安全策略

```
crypto isakmp policy 10
authentication pre-share
group 2
crypto isakmp key cisco address 0. 0. 0. 0 0. 0. 0. 0
```

2. 定义转换集合

```
crypto ipsec transform-set cisco esp-aes esp-sha-hmac
mode transport
```

设置传输模式，用于 GRE 的点到点网络结构

3. 配置安全 profile 文件

```
crypto ipsec profile dmvpn
set transform-set cisco
```

4. 配置 HUBmGRE 隧道，并使用 IPSec 保护会话

```
interface Loopback0
ip address 1. 1. 1. 1 255. 255. 255. 0
interface Tunnel0
ip address 10. 1. 1. 1 255. 255. 255. 0
no ip redirects
ip nhrp authentication cisco
ip nhrp map multicast dynamic
ip nhrp network-id 10000
ip ospf network broadcast
ip ospf priority 2
tunnel source 14. 1. 1. 1
tunnel mode gre multipoint
tunnel key 10000
tunnel protection ipsec profile dmvpn
```

//profile 的调用是新的配置 IPSec 的方法，VTI 接口调用时，没有 PEER，也没有 CRY ACL，而且还是传输模式，当有数据经过 GRE TUNNEL 的时候就会触发 VPN，而 WAN 流量不会触发 VPN。

5. 配置 OSPF

```
interface FastEthernet0/0
ip address 14. 1. 1. 1 255. 255. 255. 0
router ospf 1
network 1. 1. 1. 1. 0 0. 0. 0. 0 area 1
network 10. 1. 1. 0 0. 0. 0. 255 area 0
```

这里的考虑是信任骨干网的稳定性，将中心的 LAN 放在区域 0 中，而所有分支的连接网络都放在其他区域中。

6. DMVPN SPOKE R2 配置

```
crypto isakmp policy 10
```

```
authentication pre-share
group 2
crypto isakmp key cisco address 0. 0. 0. 0 0. 0. 0. 0
crypto ipsec transform-set cisco esp-aesesp-sha-hmac
mode transport
crypto ipsec profile dmvpn
set transform-set cisco
interface Loopback0
ip address 2. 2. 2. 2 255. 255. 255. 0
!
interface Tunnel0
ip address 10. 1. 1. 2 255. 255. 255. 0
no ip redirects
ip nhrp authentication cisco
ip nhrp map multicast 14. 1. 1. 1
//公网 IP
ip nhrp map 10. 1. 1. 1 14. 1. 1. 1
ip nhrp network-id 10000
ip nhrp nhs 10. 1. 1. 1
//私网 IP
ip ospf network broadcast
ip ospf priority 0
tunnel source FastEthernet0/0
```

//这里配置接口，生产网络中通过 DHCP 可能产生获取不同的 IP 地址，实验环境是手工静态地址

```
tunnel mode gre multipoint
tunnel key 10000
tunnel protection ipsec profile dmvpn
```

interface FastEthernet0/0

ip address 24. 1. 1. 2 255. 255. 255. 0

router ospf 1

network 2. 2. 2. 2 0. 0. 0. 0 area 2

network 10. 1. 1. 0 0. 0. 0. 255 area 2

配置解析：

ip nhrp map muticast hub-phyical-ip_add

这条命令完成将组播流路由信息映射到中心站物理接口的目的，分支站基于这个命令去建立自己的路由表，记得去比较中心站点的配置，那里的关键字是 DYNAMIC

ip nhrp map hub-tunnel_ip_add hub-phyical-ip_add

将 TUNNEL 接口同样映射到物理接口

ip nhrp nhs hub-tunnel_ip_add

将 NHRP 下一跳路由查找服务器设置为中心站的 TUNNEL 接口通过以上的命令，这里会有两个最核心的问题会发生：路由是通过 TUNNEL 在中心站点之间传递的，但是 VPN 通道是通过分支之间的物理链路建立的，是很美妙的事情，说明中心站点不需要处理如此庞大的分支站之间的数据信息，而只需要处理维持内部网络的路由信息。

7. 实验调试

1）R1 检查 DMVPN（见图 4-8）。

```
R1#show dmvpn
Legend: Attrb --> S - Static, D - Dynamic, I - Incomplete
        N - NATed, L - Local, X - No Socket
        T1 - Route Installed, T2 - Nexthop-override
        C - CTS Capable, I2 - Temporary
        # Ent --> Number of NHRP entries with same NBMA peer
        NHS Status: E --> Expecting Replies, R --> Responding, W --> Waiting
        UpDn Time --> Up or Down Time for a Tunnel
==========================================================================

Interface: Tunnel0, IPv4 NHRP Details
Type:Hub, NHRP Peers:2,

 # Ent  Peer NBMA Addr Peer Tunnel Add State  UpDn Tm Attrb
 ----- --------------- --------------- ----- -------- -----
     1 24.1.1.2               10.1.1.2    UP 00:00:54     D
     1 34.1.1.3               10.1.1.3    UP 00:02:45     D
```

图 4-8　R1 检查 DMVPN

2）R1 检查 nhrp（见图 4-9）。

```
R1#sh ip nhrp
10.1.1.2/32 via 10.1.1.2
   Tunnel0 created 00:01:57, expire 00:08:07
   Type: dynamic, Flags: registered used nhop
   NBMA address: 24.1.1.2
10.1.1.3/32 via 10.1.1.3
   Tunnel0 created 00:03:43, expire 00:09:29
   Type: dynamic, Flags: registered nhop
   NBMA address: 34.1.1.3
```

图 4-9　R1 检查 nhrp

3）R2R3 分支站点的隧道和数据流。

R3＃sh ip rou（见图 4-10）

```
R3#sh ip rou os
Codes: L - local, C - connected, S - static, R - RIP, M - mobile, B - BGP
       D - EIGRP, EX - EIGRP external, O - OSPF, IA - OSPF inter area
       N1 - OSPF NSSA external type 1, N2 - OSPF NSSA external type 2
       E1 - OSPF external type 1, E2 - OSPF external type 2
       i - IS-IS, su - IS-IS summary, L1 - IS-IS level-1, L2 - IS-IS level-2
       ia - IS-IS inter area, * - candidate default, U - per-user static route
       o - ODR, P - periodic downloaded static route, H - NHRP, l - LISP
       a - application route
       + - replicated route, % - next hop override, p - overrides from PfR

Gateway of last resort is not set

      1.0.0.0/32 is subnetted, 1 subnets
O IA     1.1.1.1 [110/1001] via 10.1.1.1, 00:00:22, Tunnel0
      2.0.0.0/32 is subnetted, 1 subnets
O IA     2.2.2.2 [110/1001] via 10.1.1.2, 00:00:22, Tunnel0
```

图 4-10　R3＃sh ip rou

R3 和 R2 是通过 R1 才有 TUNNEL 连接的，如果分支数据流量都需要经过 R1，这是绝对不希望发生的事情，相反 R3 和 R2 之间是有物理链路的，实际数据流直接在 R2R3 之间 shortcut，也就是说 HUB 段 redirect 了。

R3＃ping 2. 2. 2. 2

R3＃trace 2. 2. 2. 2（见图 4-11）

```
R3#traceroute 2.2.2.2
Type escape sequence to abort.
Tracing the route to 2.2.2.2
VRF info: (vrf in name/id, vrf out name/id)
  1 10.1.1.2 7 msec 6 msec *
```

图 4-11　R3＃trace 2. 2. 2. 2

R3＃sh cry isa pe（见图 4-12）

```
R3#show crypto isakmp peers
Peer: 14.1.1.1 Port: 500 Local: 34.1.1.3
 Phase1 id: 14.1.1.1
Peer: 24.1.1.2 Port: 500 Local: 34.1.1.3
 Phase1 id: 24.1.1.2
```

图 4-12　R3＃sh cry isa pe

//当有数据流通过时，R3 和 R1、R2 建立了会话。

8. R1 验证安全关联

1）R1＃sh cry isa pe（见图 4-13）。

```
R1#sh crypto isakmp peers
Peer: 24.1.1.2 Port: 500 Local: 14.1.1.1
 Phase1 id: 24.1.1.2
Peer: 34.1.1.3 Port: 500 Local: 14.1.1.1
 Phase1 id: 34.1.1.3
```

图 4-13　R1＃sh cry isa pe

中心站任何时候都和分支建立 VPN 对等体关系，因为它是 HUB。

2）R1＃sh cry isa sa（见图 4-14）。

```
R1#show crypto isakmp sa
IPv4 Crypto ISAKMP SA
dst             src             state          conn-id status
14.1.1.1        34.1.1.3        QM_IDLE           1002 ACTIVE
14.1.1.1        24.1.1.2        QM_IDLE           1001 ACTIVE
```

图 4-14　R1＃sh cry isa sa

3）R1＃sh cry eng conn ac（见图 4-15）。

```
R1#show crypto engine connections active
Crypto Engine Connections

   ID  Type    Algorithm           Encrypt  Decrypt LastSeqN IP-Address
    1  IPsec   AES+SHA                   0      270      270 14.1.1.1
    2  IPsec   AES+SHA                 274        0        0 14.1.1.1
    3  IPsec   AES+SHA                   0      225      225 14.1.1.1
    4  IPsec   AES+SHA                 274        0        0 14.1.1.1
 1001  IKE     SHA+DES                   0        0        0 14.1.1.1
 1002  IKE     SHA+DES                   0        0        0 14.1.1.1
```

图 4-15　R1＃sh cry eng conn ac

4）R1＃sh cry sess。

4.4.4 MPLS 原理与配置

早期的路由器转发数据通过 IP 路由表匹配查找条目时，需要做一个动作，即将 32 位的二进制 IP 地址与掩码地址相与来得到一个网段信息，然后再在路由表中一一对应查找。这种方式对于路由器的机能要求过高，而在早期的路由器设备性能不足的情况下，当路由条目非常多的时候设备转发速度就会变慢。因此需要一个技术来提高当时路由器转发数据的速度，这就是 MPLS 协议。

IP 地址由于有掩码的概念，在比对时常常会出现比对的数据大小不一致，因此系统要进行过多的计算来实现比对。而在交换机上 MAC 地址是定长的且没有什么掩码的概念，因此交换机转发数据的速度是非常快的。MPLS 协议学习了交换机转发数据的方式，采用短而定长的标签进行数据转发，这样路由器在比对时直接进行匹配而不必做过多的计算操作。

MPLS 因为向交换机的工作机制靠拢，因此 MPLS 报文也封装在靠近二层的地方，MPLS 头部封装在二层头部与三层头部之间，这样其能从二层头部中得到相关的链路层服务，而在三层头部之前，又可以在路由器匹配网标签后直接进行转发而不必过问 IP 头部中的信息。MPLS 报文的组成字段及含义见表 4-1。

表 4-1　　MPLS 报文的组成字段及含义

字段	含义
Label	标签的值，20bit，0-15 为特殊标签，16-1023 位静态建立使用的标签，1024 往后为 LDP 使用。
Exp	用于 Cos，当链路发生堵塞，优先发送优先级高的报文。3bit
S	栈底表示，用来表示后续是否还是 MPLS 头部，0 表示后续还是 MPLS 头部，1 表示后续是 IP 头部，1bit
TTL	与 IP 地址中的相同

1. MPLS 应用案例拓扑（见图 4-16）

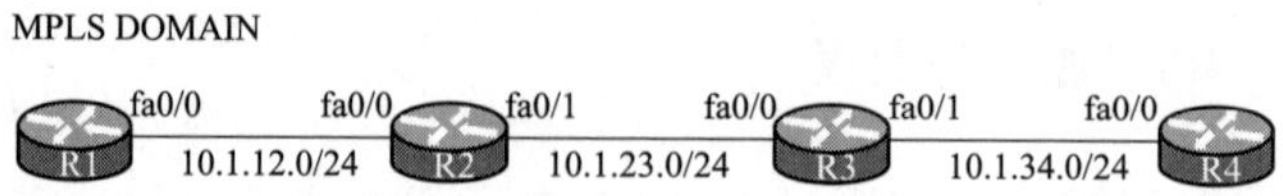

图 4-16 MPLS 应用案例拓扑

2. 设备配置

R1 的配置如下：

Interface fas0/0

  Ip address 10. 1. 12. 1 255. 255. 255. 0

Interface loopback0

  Ip address 1. 1. 1. 1255. 255. 255. 255

router ospf 1

  router-id 1. 1. 1. 1

  network 10. 1. 12. 1 0. 0. 0. 0 area 0

  network 1. 1. 1. 1 0. 0. 0. 0 area 0

mpls ldp router-id loopback0

mpls label range 100 199

interface fast0/0

  mpls ip

R2 的配置如下：

Interface fas0/0

  Ip address 10. 1. 12. 2255. 255. 255. 0

Interface fas1/0

  Ip address 10. 1. 23. 2 255. 255. 255. 0

Interface loopback0

  Ip address 2. 2. 2. 2 255. 255. 255. 255

router ospf 1

  router-id 2. 2. 2. 2

```
  network 10.1.12.2 0.0.0.0 area 0
network 10.1.23.2 0.0.0.0 area 0
  network 2.2.2.2 0.0.0.0 area 0
mpls ldp router-id loopback0
mpls label range 200 299
interface fast0/0
  mpls ip
interface fast1/0
  mpls ip
```

R3 的配置如下：

```
Interface fas0/0
  Ip address 10.1.23.3 255.255.255.0
Interface fas1/0
  Ip address 10.1.34.3 255.255.255.0
Interface loopback0
  Ip address 3.3.3.3 255.255.255.255
router ospf 1
  router-id 3.3.3.3
  network 10.1.23.3 0.0.0.0 area 0
network 10.1.34.3 0.0.0.0 area 0
  network 3.3.3.3 0.0.0.0 area 0
mpls ldp router-id loopback0
mpls label range 300 399
interface fast0/0
  mpls ip
interface fast1/0
  mpls ip
```

R4 的配置如下：

```
Interface fas0/0
  Ip address 10.1.34.4 255.255.255.0
Interface loopback0
  Ip address 4.4.4.4 255.255.255.255
router ospf 1
  router-id 4.4.4.4
network 10.1.34.4 0.0.0.0 area 0
  network 4.4.4.4 0.0.0.0 area 0
mpls ldprouter-id loopback0
mpls label range 400 499
interface fast0/0
  mpls ip
```

3. 验证与调试

```
R1#show mpls ldp neighbor
    Peer LDP Ident: 2.2.2.2: 0; Local LDP Ident 1.1.1.1: 0
        TCP connection: 2.2.2.2.31044-1.1.1.1.646
        State: Oper; Msgs sent/rcvd: 16/16; Downstream
        Up time: 00:05:38
        LDP discovery sources:
          FastEthernet0/0, Src IP addr: 10.1.12.2
        Addresses bound to peer LDP Ident:
          2.2.2.2       10.1.12.2       10.1.23.2
```

上面是 R1 上显示的 LDP 邻居，有一个 LDP 邻居，它的 LDP routerID 是 2.2.2.2，label spaceID=0，说明是基于平台的标签空间。

TCP connection：2.2.2.2.31044-1.1.1.1.646，表示这个 LDP 连接是建立在 TCP 的 1.1.1.1 源端口 646，到目的地 2.2.2.2 的 31044 端口。因为 2.2.2.2 地址大，所以它是发起方。

R1#show mpls ldp bindings（查看 R1 的 LIB 表）

```
tib entry: 1.1.1.1/32, rev 2
        local binding:   tag: imp-null
        remote binding: tsr: 2.2.2.2: 0, tag: 200
tib entry: 2.2.2.2/32, rev 6
        local binding:   tag: 100
        remote binding: tsr: 2.2.2.2: 0, tag: imp-null
tib entry: 3.3.3.3/32, rev 13
        local binding:   tag: 103   !! 本地为前缀 3.3.3.3/32 分配的标签
        remote binding: tsr: 2.2.2.2: 0, tag: 202   !! 邻居 R2 为前缀 3.3.3.3/32 分配的标签
tib entry: 4.4.4.4/32, rev 14
        local binding:   tag: 104
        remote binding: tsr: 2.2.2.2: 0, tag: 203
tib entry: 10.1.12.0/24, rev 4
        local binding:   tag: imp-null
        remote binding: tsr: 2.2.2.2: 0, tag: imp-null
tib entry: 10.1.23.0/24, rev 8
        local binding:   tag: 101
        remote binding: tsr: 2.2.2.2: 0, tag: imp-null
tib entry: 10.1.34.0/24, rev 12
        local binding:   tag: 102
        remote binding: tsr: 2.2.2.2: 0, tag: 201
```

一旦 LDP 激活后，LSR 会为路由表中的前缀在本地产生一个标签，然后和前缀捆绑在一起，将这个标签映射消息发送给所有的 LDP 邻居。当我收到 LDP 邻居发来的（remote binding），针对某些前缀的标签捆绑后，我会将这些标签，以及我本地为特定前缀捆绑的标签（local binding），放置于 LIB 中。

当然，并不是 LIB 中的 remote 标签都会被用上，还需结合 FIB 表，来获得有关前缀的下一跳信息。最后形成 LFIB 表：

R1#show mpls forwarding-table　　R1 的 LFIB 表

Local tag	Outgoing tag or VC	Prefix or Tunnel Id	Bytes tag switched	Outgoing interface	Next Hop
100	Pop tag	2.2.2.2/32	0	Fa0/0	10.1.12.2
101	Pop tag	10.1.23.0/24	0	Fa0/0	10.1.12.2
102	201	10.1.34.0/24	0	Fa0/0	10.1.12.2
103	202	3.3.3.3/32	0	Fa0/0	10.1.12.2
104	203	4.4.4.4/32	0	Fa0/0	10.1.12.2

当 R1 要发送数据去往 R4 的 Loopback 4.4.4.4，数据是如何传送的。

首先分析一下控制层面：

由于大家都通过 OSPF 学习到了 4.4.4.4/32，那么所有的 LSR 都会为 4.4.4.4/32 在本地产生一个标签，然后将这个标签捆绑在前缀上传递给其他 LDP 邻居，如图 4-17 所示。

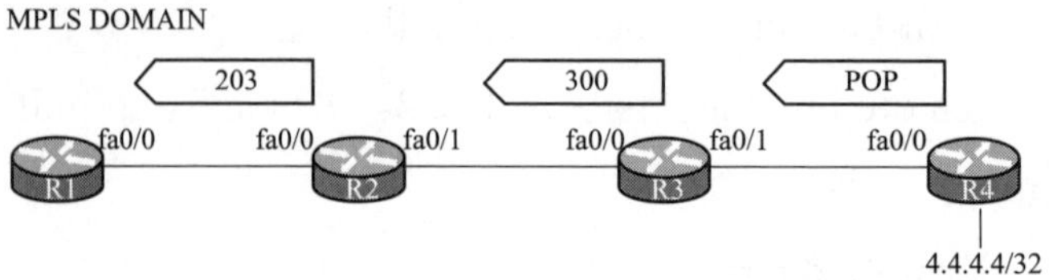

图 4-17　LSR 标签分发

当 R1 要去 ping 4.4.4.4 时，R1 得查自己的 FIB，也就是 CEF 表，注意，这是一个 IP 查找：

```
R1#show ip cef 4.4.4.4
4.4.4.4/32, version 12, epoch 0, cached adjacency 10.1.12.2
0 packets, 0 bytes
  tag information set
    local tag: 104
```

fast tag rewrite with Fa0/0，10.1.12.2，tags imposed：{203}
via 10.1.12.2，FastEthernet0/0，0 dependencies
next hop 10.1.12.2，FastEthernet0/0
valid cached adjacency
tag rewrite with Fa0/0，10.1.12.2，tags imposed：{203}

CEF 的条目指示，要去往 4.4.4.4，需要给 IP 报文压上一层标签，值为 203，然后将数据包丢给下一跳 10.1.12.2，从 Fa0/0 口扔出去。

接下来 R2 收到这个标签包，R2 从这个数据包的二层以太网帧头的类型字段，知道了这是一个标签包，因此它去查找自己的 LFIB 表：

R2＃show mpls forwarding-table

Local tag	Outgoing tag or VC	Prefix or Tunnel Id	Bytes tag switched	Outgoing interface	Next Hop
200	Pop tag	1.1.1.1/32	0	Fa0/0	10.1.12.1
201	Pop tag	10.1.34.0/24	0	Fa1/0	10.1.23.3
202	Pop tag	3.3.3.3/32	0	Fa1/0	10.1.23.3
203	300	4.4.4.4/32	0	Fa1/0	10.1.23.3

这个入站的标签包，标签值为 203，那么在 R2 的 LFIB 表中指示，203 需要交换成 300，然后丢给下一跳 10.1.23.3 从 Fa1/0 口送出去。于是，R2 将标签替换成 300，然后丢给了 R3。

接下来 R3 收到了这个标签包，同样，查看自己的 LFIB：

R3＃sh mpls forwarding-table

Local tag	Outgoing tag or VC	Prefix or Tunnel Id	Bytes tag switched	Outgoing interface	Next Hop
300	Pop tag	4.4.4.4/32	0	Fa1/0	10.1.34.4
301	Pop tag	10.1.12.0/24	0	Fa0/0	10.1.23.2
302	200	1.1.1.1/32	0	Fa0/0	10.1.23.2
303	Pop tag	2.2.2.2/32	0	Fa0/0	10.1.23.2

R3 发现，入站标签 300 的标签包，出站标签是个 POP，于是将顶层标

签弹出（实际上就一层），然后直接将弹出后的数据传给 10.1.34.4，注意，这时候它无需再次查找 FIB 表，因为 LFIB 表中已经有下一跳信息了。

最终这个数据被传到了 R4，如图 4-18 所示。

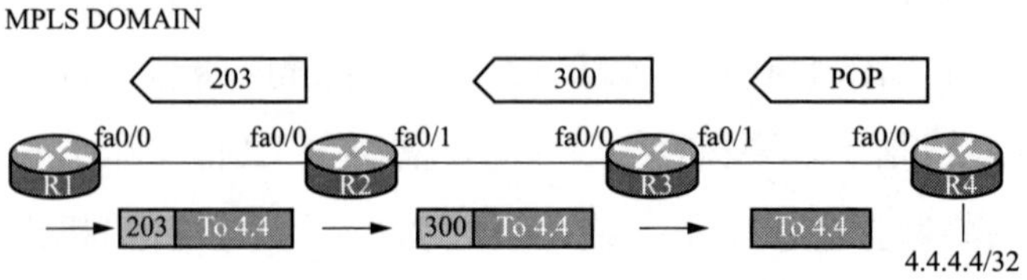

图 4-18　R1 去往 R4 的数据传送

再次验证一下：

R1#traceroute 4.4.4.4

Type escape sequence to abort.

Tracing the route to 4.4.4.4

1 10.1.12.2 [MPLS: Label 203 Exp 0] 200 msec 50 msec 100 msec

2 10.1.23.3 [MPLS: Label 300 Exp 0] 108 msec 60 msec 64 msec

3 10.1.34.4 52 msec *　100 msec

4.5 网络管理技术

网络管理包括对硬件、软件和人力的使用、综合与协调，以便对网络资源进行监视、测试、配置、分析、评价和控制，这样就能以合理的总拥有成本控制管理网络的，如实时运行性能、软件版本和授权期限、服务质量等。另外，当网络出现故障时能及时报告和处理，并协调联动、保持网络系统的高效不中断的运行。

4.5.1 AAA 原理与配置

AAA 是 Authentication（认证）、Authorization（授权）和 Accounting（审计）的简称，是网络安全的一种管理机制，提供了认证、授权、审计 3 种安全功能。可以通过网络设备本地用户数据库和授权的方式实现对用户登录设备和管理设备进行认证和授权，也可以使用 RADIUS 服务器实现对用户访问网络时进行认证授权和审计。

AAA 采用“客户端/服务器”结构，其中 AAA 客户端就是启用了 AAA 功能的网络设备，而 AAA 服务器就是专门用来认证、授权和审计的服务器。当用户要登录 AAA 客户端或者穿越客户端访问网络前，需要先从 AAA 服务器中认证和获得访问该网络的权限。但这个任务通常不是由担当 AAA 客户端的设备自己来完成的，而是通过设备把用户的认证、授权、审计信息发送给 AAA 服务器来完成的。如果在担当 AAA 客户端的设备上同时配置了相应的 AAA 服务器功能，则此时客户端和服务器端就成为一体了，这时实现的是 AAA 本地认证和授权功能了，此时不能实现审计功能。

AAA 本地认证和授权配置案例如下：

1. 在路由器 R1 上配置 AAA，通过 console 线和 VTY 连接时认证

R1(config)# aaa new-model

R1(config)#aaa authentication login default groupradius

R1(config)#radius-server host 10.1.1.3 key Cisco123

R1(config)#line console 0

R1(config-line)#login authentication default

R1(config)# line vty 0 4

R1(config-line)# login authentication default

2. 验证登陆 Consoles 认证

R1>exit

4.5.2 SNMP 原理与配置

简单网络管理协议（Simple Network Management Protocol，SNMP）是用于网络管理的协议。SNMP 通过轮询的方式，“读”取网络设备的运行情况；SNMP 也提供了“写”的功能，管理员向设备执行设置操作；当网络设备需要在重要状况改变的时候，向管理员通报事件的发生，这是“Trap”操作。

Get：读取网络设备的状态信息。

Set：远程配置设备参数。

Trap：管理站及时获取设备的重要信息。

SNMP 的基本思想是为不同种类的设备、不同厂家生产的设备、不同型号的设备，定义为一个统一的接口和协议，使得管理员可以使用统一的外观面对这些需要管理的网络设备进行管理。通过网络，管理员可以管理位于不同物理空间的设备，从而大大提高网络管理的效率，简化网络管理员的工作，这是“简单”的核心思想。

对于网络管理，我们面对的数据是设备的配置、参数、状态等信息，面对的操作是读取和设置；同时，因为网络设备众多，为了能及时得到设备的重要状态，还要求设备能主动地汇报重要状态，这就是报警功能。

在具体实现上，SNMP 为管理员提供了一个网管平台（NMS），称为网络管理服务器，有大量开源和商用的服务器，NMS 负责网管命令的发出、数据存储、及数据分析。被监管的设备上运行一个 SNMP 进程代理（Agent），代理实现设备与管理站的 SNMP 通信。

管理服务器与代理端通过 MIB 进行接口统一，MIB 定义了设备中的被管理对象、管理服务器和代理都实现了相应的 MIB 对象，使得双方可以识别对方的数据，实现通信。管理站向代理申请 MIB 中定义的数据，代理识别后，将管理设备提供的相关状态或参数等数据转换为 MIB 定义的格式，应答给管理站，完成一次管理操作。

SNMPv2 在路由器上配置案例如下：

Router(config)# snmp-server community public ro //配置读权限密码

Router(config)# snmp-server community private rw //配置写权限密码

Router(config)# snmp-server host x. x. x. x //定义 SNMP 服务器地址

Router(config)# snmp-server enable traps //开启消息发送

SNMPv3 在路由器上配置案例

4.5.3 端口镜像技术原理与配置

端口镜像技术是将指定端口（镜像端口）或者指定 VLAN（镜像

VLAN）的报文复制一份到另一个指定端口（观察端口），该端口可以连接网络监控设备或者网络协议分析仪，供网络管理员进行网络监控与故障管理。

1. 端口镜像常用场景

（1）故障定位：在系统运行过程中，可能由于系统软件处理异常、网络设备硬件故障、计算机病毒或用户不正常使用等原因造成网络上流量异常或产生错误报文。为了在不影响系统运行的情况下对网络上的报文进行分析，以定位故障产生的原因，这时候就可以使用镜像。

（2）流量可视化：为了更好地理解企业内部的业务流量模型，在网络汇聚或核心交换机上对业务流量进行镜像，以便在不影响正常业务的情况下使企业各类应用清晰可视。如员工访问公司内部服务器的访问量排名情况，访问服务器相关协议的统计比例等。

（3）入侵检测：为了发现各种攻击企图、攻击行为或者攻击结果，以保证网络系统资源的机密性、完整性和可用性，在企业的上行接口将所有出入的流量镜像到旁路的入侵检测设备上，进行实时分析，跟踪。

当前，网络流量采集分析出现了新的技术，除了 netflow 和 sflow，还有基于硬件的遥测技术，实时数据采集，形成对网络分析的大数据，结合 AI 技术，更加智能对网络运行和维护提供保障。

2. 端口镜像配置案例一：本地端口镜像

本地设备端口监控，当所有被监听的源端口与目的端口同处于一台交换机时，思科交换机配置端口镜像，这个会话被称为本地 SPAN（Switched Port Analyzer）。

Switch(config)＃monitor session 1 source interface fastEthernet 0/1 tx//后面参数 tx 意思是监控 0/0 接口发送的流量，默认为 both，即监控收发的流量

Switch(config)＃monitor session 1 destination interface fastEthernet 0/2 //把 session 1 里面接口（fastEthernet 0/0）的流量复制一份发送到 fastEthernet 0/2，destination fa0/2 接口不能正常收发流量，只能接收镜像过来的流量，这个接口可以连接协议分析仪器，分析报文

3. 端口镜像配置案例二：远端端口镜像

在源端口交换机上配置：

Switch1(config)＃vlan100 //vlan 号必须独立于现网使用的 vlan，不能和业务 vlan 相同

Switch1(config-vlan)＃name SPAN-VLAN //为 vlan 100 名字配置为 SPAN-VLAN

Switch1(config-vlan)＃remote-span //模式改成 RSPAN，特殊 vlan 用来做端口镜像

Switch1 (config) ＃monitor session 2 source interface fastEthernet 0/1 //配置要抓取源端口的流量

Switch1(config)＃monitor session 2 destination remote vlan 100 //目的端口配置为 SPAN 的 vlan

在目的端口交换机上配置：

Switch2(config)＃vlan100 //vlan 要和被抓取流量端口的交换机 vlan 要一致

Switch2(config-vlan)＃name SPAN-VLAN //为 vlan 100 名字配置为 SPAN-VLAN

Switch2(config-vlan)＃remote-span //模式改成 RSPAN，特殊 vlan 用来做端口镜像 Switch2 (config) ＃monitor session 2 destination interface fastEthernet 0/2

Switch2(config)＃monitor session 2 source remote vlan 100 //目的端口配置为 SPAN 的 vlan 号

Switch＃show monitor //查看端口镜像

4.5.4 流量监控

1. NetFlow

NetFlow（网络流）是一种流量监控技术，即统计经过路由器的数据包并导出的方法。网络流对网络信息做分析归纳统计，会收集所有流经交

换设备的流量，并且把收集到的流量信息存储到流缓冲中。

NetFlow 大致工作过程如下：

（1）具有 NetFlow 功能的网络设备（路由器或者交换机）上的某个接口开始处理第一个 IP 数据包，激活网络流。

（2）在那个接口上被接收到的数据包将会以流（Flow）的形式被存储在一个动态的流缓冲中。具有存储在缓冲中的数据流特征的后续的数据将被直接交换而不需要通过软件交换。

（3）配置 NDE 后，所有在缓冲中的符合一定要求的数据流将会被导出到一个指定的采集器，即 NFC（NetFlow collector）。

（4）采集器应用安装数据流接受和分析软件，再利用软件进行相应的网络流量分析。

2. sFlow

sFlow 也是一种流量监控技术，采用内置在硬件中的专用芯片采集流量，这种做法消除了路由器或交换机的 CPU 和内存的负担。其大致工作过程如下：

（1）由 sFlow Agent 与 sFlow Collector 组成，简单来说，sFlow Agent 布置在交换机与路由器上收集流量信息，组装成报文发送给 sFlow Collector 做分析。

（2）sFlow Agent 通过 sFlow 采样获取本设备上的接口统计信息和数据信息，将这两种信息封装成 sFlow 报文，注意这两种信息还是封装在不同的报文中。

（3）当 sFlow 报文缓冲区满或是缓存时间超时后，sFlow Agent 会将 sFlow 报文发送到指定的 sFlow Collector。

（4）网络设备在整个协议中充当 sFlow Agent 的角色，sFlow Collector 则可能是服务器、IP 机等。

3. NetFlow 与 sFlow 对比

NetFlow 更多的是在路由器上得到支持，而 sFlow 则在交换机上更加流行。两者都是开放标准，但在非常大的流量传输环境中，sFlow 采样架构可能要优于 NetFlows 汇集方式。

Network Telemetry（网络遥测），相比于 SNMP，Telemetry 实现了网络设备主动推送状态信息的能力，具有更强的时效性。虽然 NetFlow 和 sFlow 早已实现了网络流量的采样和推送，但 NetFlow、sFlow 推送的是原始的数据采样信息，数据以 IP 报文格式呈现给分析工具，而非用户期望的规范化数据模型，再优异的分析工具其扩展性能也难以承担整个数据中心网络的监控分析，只能在某一分析任务中发挥作用。并且数据流量并非网络状态的全部，网络设备的 CPU、内存、网络拥塞信息、网络事件的日志信息等也无法通过 NetFlow 或者 sFlow 实时传递出来。因此，面对大规模、高性能的网络监控需求，用户需要一种新的网络监控方式，Telemetry 技术可以很好地满足例用户这些要求，支持智能运维系统管理更多的设备、监控数据拥有更高精度和更加实时、监控过程对设备自身功能和性能影响小，为网络问题的快速定位、网络质量优化调整提供了最重要的大数据基础，将网络质量分析转换为大数据分析，有力地支撑了智能运维的需要。

4. Netflow 配置案例

Netflow 配置案例网络拓扑如图 4-19 所示，具体配置如下：

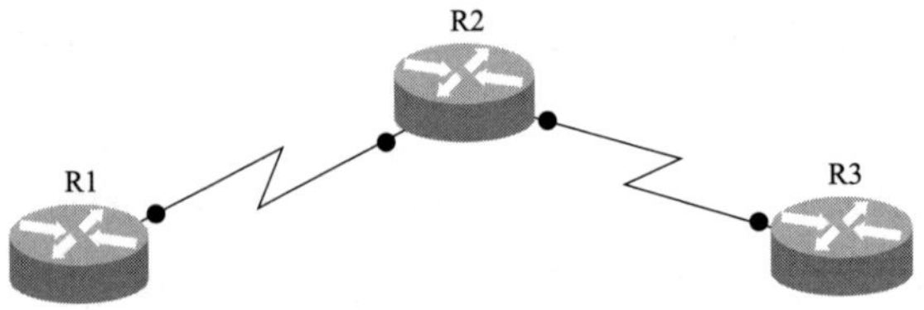

图 4-19　Netflow 配置案例网络拓扑

flow-sampler-map cisco	/创建 Netflow 例图/
mode random one-out-of 100	/设置例图模式为 100 个包随机取 1 个/
ip flow-export source Loopback0	/设置 Netflow 更新源/
ip flow-export version 9	/设置 Netflow 版本号/
ip flow-export destination 2. 2. 2. 2 2222	/设置 Netflow 发送的目的/
interface Serial0/0	
flow-sampler cisco	/接口进流量应用例图采样/

flow-sampler ccie egress /接口出流量应用例图采样/

5. 案例验证

（1）配置完成后，在 R3 ping R1 100 个包后，在 R1 上查看 Netflow，如图 4-20 所示。

```
R1#show flow-sampler

 Sampler : ccie, id : 1, packets matched : 11, mode : random sampling
mode
  sampling interval is : 100
```

图 4-20　在 R1 上查看 Netflow

（2）配置完成后，在 R1 上查看用户信息，如图 4-21 所示。

```
R1#show ip flow export
Flow export v9 is enabled for main cache
  Export source and destination details :
  VRF ID : Default
    Source(1)       1.1.1.1 (Loopback0)
    Destination(1)  2.2.2.2 (2222)
  Version 9 flow records
  4 flows exported in 2 udp datagrams
  0 flows failed due to lack of export packet
  0 export packets were sent up to process level
  0 export packets were dropped due to no fib
  0 export packets were dropped due to adjacency issues
  0 export packets were dropped due to fragmentation failures
```

图 4-21　在 R1 上查看用户信息

5
应用实例

5.1 电力末端交换数据网技术

5.1.1 STP调优运用实例应用场景

STP调优运用实例应用场景包括：①在链接终端、通过POE给物联网设备供电的边缘，通过ROOT GUARD的使用；②保护生成树的根不会在交换拓扑变化的时候改变；③通过BPDU GUARD的使用，保护边缘端口不会错误链接交换设备，当有交换设备接入到BPDU GUARD保护的端口，该交换机端口将阻塞，保护生成树不会重计算。

1. 应用拓扑

STP调优运用实例应用拓扑如图5-1所示。

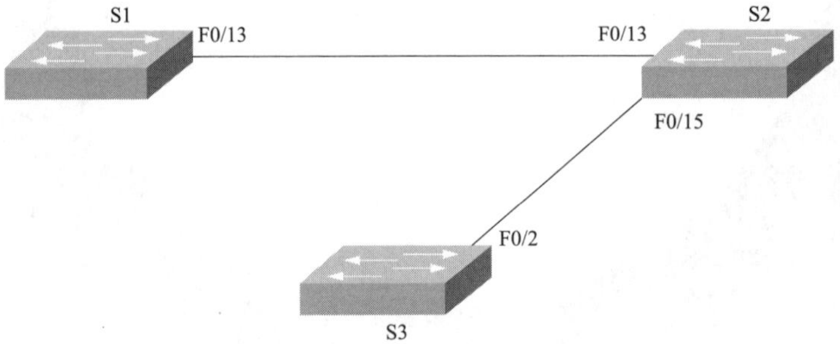

图5-1 STP调优运用实例应用拓扑

2. 配置步骤

步骤1：关闭不需要的接口，配置S1和S2之间的Trunk。

S1(config)#int f0/14

S1(config-if)#shutdown

S1(config)#int f0/15

S1(config-if)#shutdown

S1(config)#int f0/13

S1(config-if)#switchport turnk encapsulation dot1q

S1(config-if)#switchport mode trunk

步骤 2：配置 S1 成为根桥。

S1(config)spanning-tree vlan 1 priority 8192

步骤 3：在 S2 的 f0/15 上配置 guard root。

S2(config)#int f0/15

S2(config-if)#spanning-tree guard root

步骤 4：把 S3 改为根桥，观察 S2 的动作。

S3(config)spanning-tree vlan 1 priority 4096

R2#show spanning-tree inconsistentports

Name	Interface	Inconsistency
VLAN0001	FastEthernet0/15	Root Inconsistent

Number of inconsistent ports(segments)in the system;1

//S2 将从 f0/15 收到 S3 发送的更优的 BPDU，然而由于该接口上配置 Root Guard，S2 的接口进入阻断状态

S1#show spanning-tree

VLAN0001

(此处省略)

Interface	Role Sts Cost	Prio. Nbr	Type
Fa0/13	Root FWD 19	128. 15	P2P
Fa0/15	Desg BKN * 19	128. 17	P2P * Root_Inc

步骤 5：配置 BPDU Guard。

S2(config)#int f0/15

S2(config-if)#shutdown

//关闭接口

S2(config-if)#no spanning-tree guard root

//去掉之前的配置

S2(config-if)#spanning-tree portfast

S2(config-if)#spanning-tree bpduguard enable

//以上配置 BPDU Guard

S2(config)#int f0/15

S2(config-if)#no shutdown

0;28;49;%SPANTREE-2-BLOCK_BPDUGUARD;Received BPDU on port FastEthernet0/15 with BPDU Guard enabled. Disabling port

0;28;49;%PM-4Err_DISABLE;bpduguard error detected on Fa0/15, putting Fa0/15 in err-disable state

0; 28; 50;% LINEPROTO-5UPDOWN; Line protocol on Interface FastEthernet0/15,changed state to down

//交换机从 f0/15 接口收到 S3 的 BPDU，f0/15 被 disable 了

3. 验证配置

S2#show interfaces f0/15

FastEthernet0/15 is down，line protocol is down (err-disabled)

//可以看到 f0/15 接口关闭，要重新开启，请先移除 BPDU 源，在接口下执行"shutdown"和"no shutdown"命令。

5.1.2 VLAN 和 Trunk 应用场景

1. 应用场景

通过 VLAN 的创建，隔离二层的数据通信，逻辑把网络分成更小的广播域，隔离了广播，对于跨多台交换机的 VLAN，二层的通信还需要干线的支持。

2. 应用拓扑

VLAN 应用拓扑如图 5-2 所示。

3. 配置步骤

配置 VLAN，首先要创建 VLAN，然后才把交换机的端口划分到特定

的端口上。

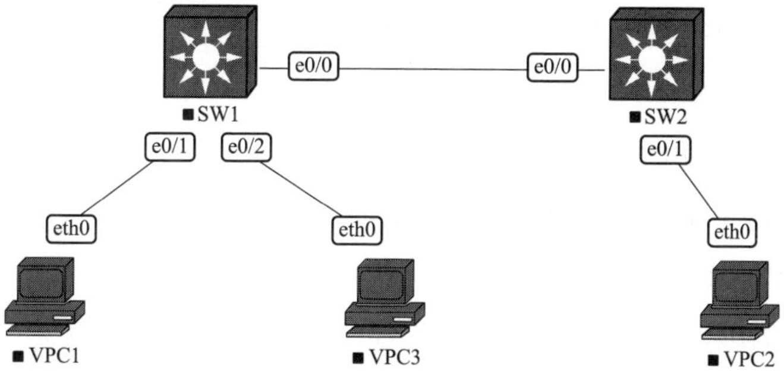

图 5-2　VLAN 应用拓扑

步骤 1：在划分 VLAN 前，配置路由器 R1 和 R2 的 g0/0 接口，从 R1 ping 192.168.12.2 进行测试。默认时，交换机的全部接口都在 VLAN 1 上，R1 和 R2 应该能够通信。

步骤 2：在 S1 上创建 VLAN。

S1(config)# vlan 2

S1(config-vlan)# name VLAN 2

S1(config-vlan)# exit

S1(config)# vlan 3

S1(config-vlan)# name VLAN 3

步骤 3：把端口划分在 VLAN 中。

S1(config)# interface e0/1

S1(config-if)# switch mode access

//以上把交换机端口的模式改为 access 模式，说明该端口是用于连接计算机的，而不是用于 Trunk

S1(config-if)# switch access vlan 2

//然后把该端口 f0/1 划分到 VLAN2 中

S1(config)# interface e0/2

S1(config-if)# switch mode access

S1(config-if)#switch access vlan3

默认时，所有交换机接口都在 VLAN 1 上，VLAN 1 是不能删除的。如果有多个接口需要划分到同一 VLAN 下，也可以采用如下节约时间，注"-"前的空格。

S1(config)#interface range e0/2-3

S1(config-if-range)#switch mode access

S1(config-if-range)#switch access vlan 2

如果要删除 VLAN，使用"no vlan 2"命令即可。删除某一 VLAN 后，该 VLAN 上的端口必须重新划分到别的 VLAN 上，否则将导致端口的"消失"。

4. 验证配置

(1) 查看 VLAN。使用"show vlan"或者"show vlan brief"命令查看 VLAN 信息，以及每个 VLAN 上有什么端口。注意这里只能看到本交换机上哪个端口在 VLAN 上，而不能看到其他交换机的端口在什么 VLAN 上。如下：

SwA#show vlan

(此处省略)

//在交换机，VLAN1 是默认 VLAN，不能删除，也不能改名。此外，还有 1002 和 1003 等 VLAN 存在。

(2) VLAN 间的通信。由于 e0/1 和 e0/2 属于不同 VLAN，从 VPC1 ping 192.168.12.2 不能成功了。

5.1.3 Trunk 应用

1. 应用场景

在灵活应用的交换机互联环境，交换机间需要动态地协商是否成为 Trunk，承担多个 VLAN 的通信，则 DTP 的协商规律就是该应用的具体体现。

2. 应用拓扑

Trunk 应用拓扑如图 5-3 所示。

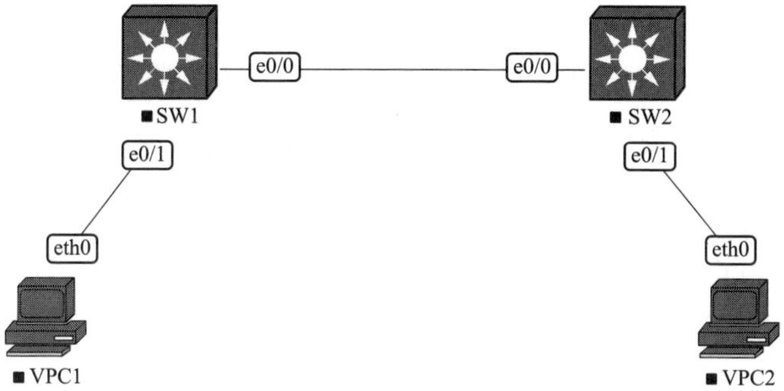

图 5-3 Trunk 应用拓扑

3. 配置步骤

步骤 1：配置 Trunk。

S1(config)#int e0/0

S1(config-if)#switchport trunk encanpsulation dot1q

//以上是配置 Trunk 链路的封装类型，同一链路的两端封装要相同。有的交换机，例如 2950 只能封装 dot1q，因此无须执行该命令

S1(config-if)#switch mode trunk

//以上是把接口配置为 Trunk

S2(config)#inte0/0

S2(config-if)#switchport trunk encanpsulation dot1q

S2(config-if)#switch mode trunk

步骤 2：检查 Trunk 链路的状态，测试跨交换机、同一 VLAN 主机间的通信。

使用"show interface e0/0 trunk"可以查看交换机端口的 trunk 状态，如下：

Port	Mode	Encapsulation	Status	Native vlan
e0/0	on	802.1q	trunking	1

Port　　Vlans allowed on trunk

e0/0　　1-4094

Port　　Vlans allowed and active in management domain

e0/0　　1-3

需要在链路的两端都确认 Trunk 的形成。测试 R1 和 R3 以及 R2 和 R4 之间的通信。由于 R1 和 R3 在同一 VLAN 上，所以 R1 应该能 ping 通 R3。R2 和 R4 之间也应该能相互 ping 通。

步骤 3：配置 Native VLAN：

S1(config)＃inte0/0

S1(config-if)＃switchport trunk native vlan 2

//以上是在 Trunk 链路上配置 Native VLAN，我们把它改为 VLAN 2 了，默认是 VLAN 1

S2(config)＃inte0/0

S2(config-if)＃switchport trunk native vlan 2

步骤 4：验证配置。

S1＃show interface trunk

Port	Mode	Encapsulation	Status	Native vlan
00/0	on	802.1q	trunking	2

步骤 5：DTP 配置。

Turnk——该设置将端口置为永久 trunk 模式，封装类型由“switchport trunk encapsulation”命令决定；

Dynamic desirable——端口主动变为 trunk，如果另一端为 negotiate，dynamic desirable 和 dynamic auto，将成功协商；

Dynamic auto——被动协商，如果另一端为 negotiate 和 dynamic desirable，将成功协商。

如果想把接口配置为 negotiate，使用：

S1(config-if)＃switchport trunk encapsulation {isl|dot1q}

S1(config-if)＃switchport mode trunk

S1(config-if)＃no switchport negotiate

如果想把接口配置为 nonegotiate，使用：

S1(config-if)＃switchport trunk encapsulation {isl|dot1q}

S1(config-if)#switchport mode trunk

S1(config-if)#no switchport nonegotiate

如果想把接口配置为 desirable，使用：

S1(config-if)#switchport mode dynamic desirable

S1(config-if)#switch trunk encapsulation{negotiate|isl|dot1q}

如果想把接口配置为 auto，使用：

S1(config-if)#switchport mode dynamic auto

S1(config-if)#switch trunk encapsulation{negotiate|isl|dot1q}

在这里，进行如下配置：

S1(config-if)#switchport mode dynamic desirable

S1(config-if)#switch trunk encapsulation negotiate

S2(config-if)#switchport mode dynamic auto

S2(config-if)#switch trunk encapsulation negotiate

步骤 6：验证配置。

S1#show interfaces trunk

Port	Mode	Encapsulation	Status	Native vlan
e0/0	desirable	n-isl	trunking	1

//可以看到 Trunk 已经形成，封装为 n-isl，这里的“n”表示封装类型也是自动协商的。需要在两端都进行检查，确认两端都形成 Trunk 才行。

5.2 多区域 OSPF 应用实例

5.2.1 应用场景

1）在路由器上启用 OSPF 路由进程，并且通告网络及所在的区域；

2）掌握度量值 Cost 的计算；Hello 相关参数的配置；

3）掌握点到点链路上的 OSPF 特征；掌握广播链路上的 OSPF 特征；

4）验证 OSPF 路由协议相关信息。

5.2.2 应用拓扑

多区域 OSPF 应用拓扑如图 5-4 所示。

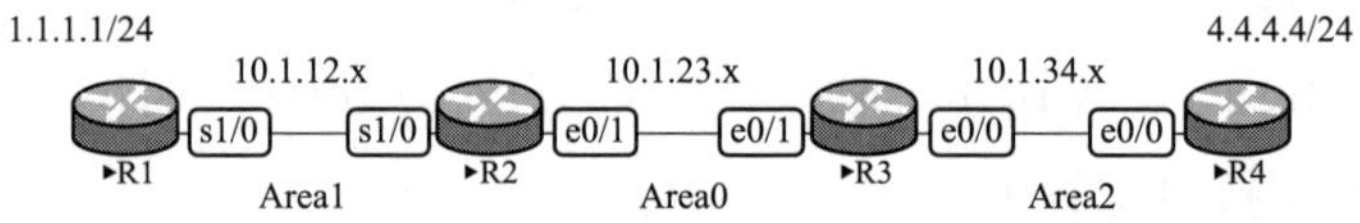

图 5-4 多区域 OSPF 应用拓扑

5.2.3 应用步骤

步骤 1：配置路由器 R1。

Router>en
Router#conf t
Enter configuration commands,one per line. End with CNTL/Z.
Router(config)#ho R1
R1(config)#inte 1/0
R1(config-if)#ip add 10.1.12.1 255.255.255.0
R1(config-if)#no sh
R1(config-if)#int lo0
R1(config-if)#ip add 1.1.1.1 255.255.255.0
R1(config-if)#exit
R1(config)#router os 1
R1(config-router)#router-id 1.1.1.1
R1(config-router)#network 10.1.12.1 0.0.0.0 area 1
R1(config-router)#network 1.1.1.1 0.0.0.0 area 1

步骤 2：配置路由器 R2。

Router>en
Router#conf t
Enter configuration commands,one per line. End with CNTL/Z.

Router(config)＃ho R2

R2＃conf t

Enter configuration commands,one per line.　End with CNTL/Z.

R2(config)＃inte1/0

R2(config-if)＃ip add 10.1.12.2 255.255.255.0

R2(config-if)＃no sh

R2(config-if)＃int e0/1

R2(config-if)＃ip add 10.1.23.2 255.255.255.0

R2(config-if)＃no sh

R2(config-if)＃exit

R2(config)＃router os 1

R2(config-router)＃router-id 2.2.2.2

R2(config-router)＃network 10.1.12.2 0.0.0.0 area 1

R2(config-router)＃network 10.1.23.2 0.0.0.0 area 0

步骤 3：配置路由器 R3。

Router>en

Router＃conf t

Enter configuration commands,one per line.　End with CNTL/Z.

Router(config)＃ho R3

R3＃conf t

Enter configuration commands,one per line.　End with CNTL/Z.

R3(config)＃int e0/1

R3(config-if)＃ip add 10.1.23.3 255.255.255.0

R3(config-if)＃no sh

R3(config-if)＃int e0/0

R3(config-if)＃ip add 10.1.34.3 255.255.255.0

R3(config-if)＃no sh

R3(config-if)＃exit

R3(config)#router os 1

R3(config-router)#router-id 3.3.3.3

R3(config-router)#network 10.1.23.3 0.0.0.0 area 0

R3(config-router)#network 10.1.34.3 0.0.0.0 area 2

步骤 4：配置路由器 R4。

Router>en

Router#conf t

Enter configuration commands,one per line. End with CNTL/Z.

Router(config)#ho R4

R4(config)#int e0/0

R4(config-if)#ip add 10.1.34.4 255.255.255.0

R4(config-if)#no sh

R4(config-if)#int l0

R4(config-if)#ip add 4.4.4.4 255.255.255.0

R4(config-if)#exi

R4(config)#router os 1

R4(config-router)#router-id 4.4.4.4

R4(config-router)#network 10.1.34.4 0.0.0.0 area 2

R4(config-router)#network 4.4.4.4 0.0.0.0 area 2

注意：OSPF 路由进程 ID 的范围必须是在 1～65535 之间，可以是类似 IP 地址格式 A.B.C.D。路由进程 ID 只有本地含义，不同路由器的路由进程 ID 可以不同，如果要想启动 OFPS 路由进程，至少确保有一个接口是 up 的。

区域 ID 是在 0～4 294 967 295 内的十进制数，也可以是 IP 地址格式 A.B.C.D，当网络区域 ID 为 0 或 0.0.0.0 时称为主干区域。

IOS 中通告 OFPF 网络的时候，网络号的后面可以是正掩码，也可以是通配符掩码。

确定 Router ID 遵循如下顺序：最优先的是在 OSPF 进程中用命令“router-id”手工指定了路由器 ID；如果没有在 OSPF 进程中指定路由器

ID，那么把选择 IP 地址最大的环回接口的 IP 地址为 Router ID；如果没有环回接口，就选择最大活动的物理接口的 IP 地址为 Router ID。

5.2.4 实验验证

（1）show ip route。

```
R2#show ip route os
……
         1.0.0.0/32 is subnetted,1 subnets
O           1.1.1.1[110/65] via 10.1.12.1,00:13:04,Serial1/0
         4.0.0.0/32 is subnetted,1 subnets
O IA        4.4.4.4[110/21] via 10.1.23.3,00:07:26,Ethernet0/1
         10.0.0.0/8 is variably subnetted,5 subnets,2 masks
O IA        10.1.34.0/24[110/20] via 10.1.23.3,00:07:36,Ethernet0/1
```

输出结果表明同一个区域内通过 OSPF 路由协议学习的路由条目用代码“O”表示，不同一个区域内通过 OSPF 路由协议学习的路由条目用代码“OIA”表示。

注意：环回接口 OSPF 路由条目的掩码长度都是 32 位，这是环回接口的特性，尽管通告了 24 位。解决的办法是在环回接口下修改网络类型为“Point-to-Point”，操作如下：

```
R2(config)#interface loopback 0
R2(config-if)#ip ospf network point-to-point
```

这样收到的路由条目的掩码长度和通告的就一致了。

路由条目“4.4.4.4”的度量值为 21，计算过程如下：cost 的计算公式为 108/带宽（bit/s），然后取整，而且是所有链路入口的 cost 之和，环回接口的 cost 为 1，路由器 R2 到路由条目“4.4.4.4”经过的出接口包括路由器 R4 的 loopback 0，路由器 R3 的 e0/0，所以计算如下：1+108/107+108/107=21。

（2）show ip protocols。

```
R2#show ip protocols
```

```
* * * IP Routing is NSF aware * * *
Routing Protocol is "application"
  Sending updates every 0 seconds
  Invalid after 0 seconds,hold down 0,flushed after 0
  Outgoing update filter list for all interfaces is not set
  Incoming update filter list for all interfaces is not set
  Maximum path:32
  Routing for Networks:
  Routing Information Sources:
    Gateway          Distance        Last Update
  Distance:(default is 4)
Routing Protocol is "ospf 1"//当前路由器运行的OSPF进程ID
  Outgoing update filter list for all interfaces is not set
  Incoming update filter list for all interfaces is not set
  Router ID 2.2.2.2//本路由器ID
  It is an area border router
  Number of areas in this router is 2.2 normal 0 stub 0 nssa
  Maximum path:4//默认支持等价路径最大数目
  Routing for Networks:
    10.1.12.2 0.0.0.0 area 1
    10.1.23.2 0.0.0.0 area 0
    12.1.1.2 0.0.0.0 area 1
    22.1.1.2 0.0.0.0 area 0
    23.1.1.2 0.0.0.0 area 0
  Routing Information Sources:
    Gateway          Distance        Last Update
    3.3.3.3          110             00:14:14
    1.1.1.1          110             00:19:52
```

Distance:(default is 110)//OSPF 路由协议默认的管理距离

(3) show ip ospf interface。

R2#show ip os interface s1/0

Serial1/0 is up,line protocol is up

Internet Address 10.1.12.2/24, Area 1, Attached via Network Statement//该接口的地址和运行的 OSPF 区域

Process ID 1, Router ID 2.2.2.2, Network Type POINT_TO_POINT, Cost: 64//进程 ID，路由器 ID，网络类型，接口 Cost 值

Topology-MTID	Cost	Disabled	Shutdown	Topology Name
0	64	no	no	Base

Transmit Delay is 1 sec, State POINT_TO_POINT

Timer intervals configured, Hello 10, Dead 40, Wait 40, Retransmit 5//计时器参数

oob-resync timeout 40

Hello due in 00:00:03

Supports Link-local Signaling (LLS)

Cisco NSF helper support enabled

IETF NSF helper support enabled

Index 1/2/3, flood queue length 0

Next 0x0(0)/0x0(0)/0x0(0)

Last flood scan length is 1, maximum is 1

Last flood scan time is 0 msec, maximum is 0 msec

Neighbor Count is 1, Adjacent neighbor count is 1

Adjacent with neighbor 1.1.1.1//已经建立邻接关系的邻居路由器 ID

Suppress hello for 0 neighbor (s)

(4) show ip ospf neighbor。

R2#show ip os neighbor

Neighbor ID Pri State Dead Time Address Interface

3.3.3.3 1 FULL/BDR 00:00:34 10.1.23.3 Ethernet0/1

1.1.1.1 0 FULL/ - 00:00:37 10.1.12.1 Serial1/0

以上输出表明路由器 R2 有两个邻居，它们的路由器 ID 分别为 1.1.1.1 和 3.3.3.3，其他参数解释如下所述：

1）Pri；邻居路由器接口的优先级；

2）State；当前邻居路由器接口的状态；

3）Dear Time；邻居关系失效前等待的最长时间；

4）Address；邻居接口的地址；

5）Interface；自己和邻居路由器相连的接口；

6）“-”：表示点到点的链路上 OSPF 不进行 DR 选举；

7）“BDR”：表示广播的链路上 3.3.3.3 的角色是 BDR 选举。

注意：OSPF 邻居关系不能建立的常见原因如下：

1）Hello 间隔和 Dead 间隔不同。同一链路上的 Hello 包间隔和 Dead 间隔必须相同才能建立邻接关系。默认时，Dead 间隔是 Hello 间隔的 4 倍，可以在接口下通过“ip ospf hello-interval”和“ip ospf Dead-interval:”命令调整。

2）区域号码不一致。特殊区域（如 stub 和 nssa 等）区域类型不匹配。

3）认证类型或密码不一致。

4）路由器 ID 冲突。

5）Hello 包被 ACL deny。

6）链路上的 MTU 不匹配。

7）接口下 OSPF 网络类型不匹配。

（5）show ip ospf datebase。

R2＃show ip os database

OSPF Router with ID(2.2.2.2)(Process ID 1)

Router Link States(Area 0)

Link ID	ADV Router	Age	Seq＃	Checksum	Link count
2.2.2.2	2.2.2.2	386	0x80000009	0x00EEAE	2
3.3.3.3	3.3.3.3	339	0x80000006	0x00A51D	1

Net Link States(Area 0)

Link ID	ADV Router	Age	Seq#	Checksum
10.1.23.2	2.2.2.2	386	0x80000002	0x009B5D

Summary Net Link States(Area 0)

Link ID	ADV Router	Age	Seq#	Checksum
1.1.1.1	2.2.2.2	641	0x80000002	0x00A945
4.4.4.4	3.3.3.3	339	0x80000002	0x00E232
10.1.12.0	2.2.2.2	641	0x80000002	0x00BA22
10.1.34.0	3.3.3.3	339	0x80000002	0x008B6D
12.1.1.0	2.2.2.2	641	0x80000002	0x00FB20

Router Link States(Area 1)

Link ID	ADV Router	Age	Seq#	Checksum	Link count
1.1.1.1	1.1.1.1	668	0x80000005	0x0077D4	3
2.2.2.2	2.2.2.2	641	0x80000006	0x00BB76	3

Summary Net Link States(Area 1)

Link ID	ADV Router	Age	Seq#	Checksum
4.4.4.4	2.2.2.2	141	0x80000002	0x0065A9
10.1.23.0	2.2.2.2	641	0x80000002	0x0023E4
10.1.34.0	2.2.2.2	141	0x80000004	0x000AE6
22.1.1.2	2.2.2.2	641	0x80000002	0x000B0E

以上输出是 R2 的实验拓扑数据库的信息，标题行的解释如下所述。

1）Link ID：是指 Link State ID，代表整个路由器，而不是某个链路。

2）ADV Router：是指链路状态信息的路由器 ID。

3）Age：老化时间。

4）Seq#：序列号。

5）Checksum：校验和。

6）Link count：通告路由器在本区域内的链路数目。

7）Router Link States：每台参与 OSPF 的路由器都会发出的 LSA。

8）Net Link States；DR 路由器发出的 LSA。

9）Summary Net Link States；ABR 路由器发出的 LSA。

【注】

DR 选举的原则：

首要因素是时间，最先启动的路由器被选举成 DR；

如果同时启动，或者重新选举，则看接口优先级（范围为 0～255），优先级最高的被选举成 DR，在默认情况下，多路访问网络的接口优先级为 1，点到点网络接口优先级为 0，修改接口优先级的命令是“ip ospf priority”，如果接口的优先级被设置为 0，那么该接口将不参与 DR 选举；

如果前两者相同，最后看路由器 ID，路由器 ID 最高的被选举成 DR。

Dr 选举是非抢占的，除非人为地重新选举。重新选举 DR 的方法有两种，一是路由器重新启动；二是执行“clear ip ospf process”命令。

（6）debug ip ospf adj。

该命令显示 OSPF 邻接关系创建或中断的过程。

R2＃clear ip os process

Reset ALL OSPF processes? [no]:yes

*Aug 24 14:44:43.186:OSPF-1 ADJ Lo0:Interface going Down

*Aug 24 14:44:43.187:OSPF-1 ADJ Lo0:2.2.2.2 address 22.1.1.2 is dead,state DOWN

*Aug 24 14:44:43.187:OSPF-1 ADJ Et0/1:Interface going Down

*Aug 24 14:44:43.187:OSPF-1 ADJ Et0/1:3.3.3.3 address 10.1.23.3 is dead,state DOWN

*Aug 24 14:44:43.187:%OSPF-5-ADJCHG:Process 1,Nbr 3.3.3.3 on Ethernet0/1 from FULL to DOWN,Neighbor Down:Interface down or detached

*Aug 24 14:44:43.187:OSPF-1 ADJ Et0/1:Neighbor change event

*Aug 24 14:44:43.187:OSPF-1 ADJ Et0/1:DR/BDR election

*Aug 24 14:44:43.187:OSPF-1 ADJ Et0/1:Elect BDR 0.0.0.0

* Aug 24 14:44:43.187:OSPF-1 ADJ Et0/1:Elect DR 2.2.2.2

* Aug 24 14:44:43.187:OSPF-1 ADJ Et0/1:DR:2.2.2.2(Id)

* Aug 24 14:44:43.187:OSPF-1 ADJ Et0/1:BDR:none

* Aug 24 14:44:43.187:OSPF-1 ADJ Et0/1:2.2.2.2 address 10.1.23.2 is dead,state DOWN

* Aug 24 14:44:43.187:OSPF-1 ADJ Et0/1:Neighbor change event

* Aug 24 14:44:43.187:OSPF-1 ADJ Et0/1:DR/BDR election

* Aug 24 14:44:43.187:OSPF-1 ADJ Et0/1:Elect BDR 0.0.0.0

* Aug 24 14:44:43.187:OSPF-1 ADJ Et0/1:Elect DR 0.0.0.0

* Aug 24 14:44:43.187:OSPF-1 ADJ Et0/1:Elect BDR 0.0.0.0

* Aug 24 14:44:43.187:OSPF-1 ADJ Et0/1:Elect DR 0.0.0.0

* Aug 24 14:44:43.187:OSPF-1 ADJ Et0/1:DR:none

* Aug 24 14:44:43.187:OSPF-1 ADJ Et0/1:BDR:none

* Aug 24 14:44:43.187:OSPF-1 ADJ Et0/1:Flush network LSA immediately

* Aug 24 14:44:43.187:OSPF-1 ADJ Et0/1:Remember old DR 2.2.2.2(id)

* Aug 24 14:44:43.263:OSPF-1 ADJ Se1/0:Interface going Down

* Aug 24 14:44:43.263:OSPF-1 ADJ Se1/0:1.1.1.1 address 10.1.12.1 is dead,state DOWN

* Aug 24 14:44:43.263:%OSPF-5-ADJCHG:Process 1,Nbr 1.1.1.1 on Serial1/0 from FULL to DOWN,Neighbor Down:Interface down or detached

* Aug 24 14:44:43.263:OSPF-1 ADJ Se1/0:2.2.2.2 address 10.1.12.2 is dead,state DOWN

* Aug 24 14:44:43.263:OSPF-1 ADJ Et0/0:Interface going Down

* Aug 24 14:44:43.263:OSPF-1 ADJ Et0/0:2.2.2.2 address 12.1.1.2 is dead,state DOWN

* Aug 24 14:44:43.263:OSPF-1 ADJ Et0/0:Neighbor change event

* Aug 24 14:44:43.263:OSPF-1 ADJ Et0/0:DR/BDR election

* Aug 24 14:44:43.263:OSPF-1 ADJ Et0/0:Elect BDR 0.0.0.0

* Aug24 14:44:43.263:OSPF-1 ADJ Et0/0:Elect DR 0.0.0.0

* Aug 24 14:44:43.263:OSPF-1 ADJ Et0/0:Elect BDR 0.0.0.0

* Aug 24 14:44:43.263:OSPF-1 ADJ Et0/0:Elect DR 0.0.0.0

* Aug 24 14:44:43.263:OSPF-1 ADJ Et0/0:DR:none

* Aug 24 14:44:43.263:OSPF-1 ADJ Et0/0:BDR:none

* Aug 24 14:44:43.263:OSPF-1 ADJ Et0/0:Flush network LSA immediately

* Aug 24 14:44:43.263:OSPF-1 ADJ Et0/0:Remember old DR 2.2.2.2(id)

* Aug 24 14:44:43.263:OSPF-1 ADJ Lo0:Interface going Up

* Aug 24 14:44:43.263:OSPF-1 ADJ Et0/1:Interface going Up

* Aug 24 14:44:43.263:OSPF-1 ADJ Se1/0:Interface going Up

* Aug 24 14:44:43.263:OSPF-1 ADJ Et0/0:Interface going Up

* Aug 24 14:44:43.265:OSPF-1 ADJ Et0/1:2 Way Communication to 3.3.3.3,state 2WAY

* Aug 24 14:44:43.265:OSPF-1 ADJ Et0/1:Backup seen event before WAIT timer

* Aug 24 14:44:43.265:OSPF-1 ADJ Et0/1:DR/BDR election

* Aug 24 14:44:43.265:OSPF-1 ADJ Et0/1:Elect BDR 2.2.2.2

* Aug 24 14:44:43.265:OSPF-1 ADJ Et0/1:Elect DR 3.3.3.3

* Aug 24 14:44:43.265:OSPF-1 ADJ Et0/1:Elect BDR 2.2.2.2

* Aug 24 14:44:43.265:OSPF-1 ADJ Et0/1:Elect DR 3.3.3.3

* Aug 24 14:44:43.265:OSPF-1 ADJ Et0/1:DR:3.3.3.3(Id)

* Aug 24 14:44:43.265:OSPF-1 ADJ Et0/1:BDR:2.2.2.2(Id)

* Aug 24 14:44:43.265:OSPF-1 ADJ Et0/1:Nbr 3.3.3.3:Prepare

dbase exchange

* Aug 24 14:44:43.265:OSPF-1 ADJ Et0/1:Send DBD to 3.3.3.3 seq 0x2710 opt 0x52 flag 0x7 len 32

* Aug 24 14:44:43.266:OSPF-1 ADJ Et0/1:Rcv DBD from 3.3.3.3 seq 0x190B opt 0x52 flag 0x7 len 32 mtu 1500 state EXSTART

* Aug 24 14:44:43.266:OSPF-1 ADJ Et0/1:NBR Negotiation Done. We are the SLAVE

* Aug 24 14:44:43.266:OSPF-1 ADJ Et0/1:Nbr 3.3.3.3:Summary list built,size 0

* Aug 24 14:44:43.266:OSPF-1 ADJ Et0/1:Send DBD to 3.3.3.3 seq 0x190B opt 0x52 flag 0x0 len 32

* Aug 24 14:44:43.266:OSPF-1 ADJ Et0/1:Rcv DBD from 3.3.3.3 seq 0x190C opt 0x52 flag 0x1 len 92 mtu 1500 state EXCHANGE

* Aug 24 14:44:43.267:OSPF-1 ADJ Et0/1:Exchange Done with 3.3.3.3

* Aug 2414:44:43.267:OSPF-1 ADJ Et0/1:Send LS REQ to 3.3.3.3 length 60

* Aug 24 14:44:43.267:OSPF-1 ADJ Et0/1:Send DBD to 3.3.3.3 seq 0x190C opt 0x52 flag 0x0 len 32

* Aug 24 14:44:43.267:OSPF-1 ADJ Et0/1:Rcv LS UPD from Nbr ID 3.3.3.3 length 120 LSA count 3

* Aug 24 14:44:43.267:OSPF-1 ADJ Et0/1:Synchronized with 3.3.3.3,state FULL

* Aug 24 14:44:43.267:%OSPF-5-ADJCHG:Process 1,Nbr 3.3.3.3 on Ethernet0/1 from LOADING to FULL,Loading Done

* Aug 24 14:44:43.269:OSPF-1 ADJ Se1/0:2 Way Communication to 1.1.1.1,state 2WAY

* Aug 24 14:44:43.269:OSPF-1 ADJ Se1/0:Nbr 1.1.1.1:Prepare dbase exchange

* Aug 24 14:44:43.269:OSPF-1 ADJ Se1/0:Send DBD to 1.1.1.1 seq 0x11C opt 0x52 flag 0x7 len 32

* Aug 24 14:44:43.278:OSPF-1 ADJ Se1/0:Rcv DBD from 1.1.1.1 seq 0xA31 opt 0x52 flag 0x7 len 32 mtu 1500 state EXSTART

* Aug 24 14:44:43.278:OSPF-1 ADJ Se1/0:First DBD and we are not SLAVE

* Aug 24 14:44:43.278:OSPF-1 ADJ Se1/0:Rcv DBD from 1.1.1.1 seq 0x11C opt 0x52 flag 0x2 len 52 mtu 1500 state EXSTART

* Aug 24 14:44:43.278:OSPF-1 ADJ Se1/0:NBR Negotiation Done. We are the MASTER

* Aug 24 14:44:43.278:OSPF-1 ADJ Se1/0:Nbr 1.1.1.1:Summary list built,size 0

* Aug 24 14:44:43.278:OSPF-1 ADJ Se1/0:Send DBD to 1.1.1.1 seq 0x11D opt 0x52 flag 0x1 len 32

* Aug 24 14:44:43.288:OSPF-1 ADJ Se1/0:Rcv DBD from 1.1.1.1 seq 0x11D opt 0x52 flag 0x0 len 32 mtu 1500 state EXCHANGE

* Aug 24 14:44:43.288:OSPF-1 ADJ Se1/0:Exchange Done with 1.1.1.1

* Aug 24 14:44:43.288:OSPF-1 ADJ Se1/0:Send LS REQ to 1.1.1.1 length 36

* Aug 24 14:44:43.297:OSPF-1 ADJ Se1/0:Rcv LS UPD from Nbr ID 1.1.1.1 length 88 LSA count 1

* Aug 24 14:44:43.297:OSPF-1 ADJ Se1/0:Synchronized with 1.1.1.1,state FULL

R2#

* Aug 24 14:44:43.297:%OSPF-5-ADJCHG:Process 1,Nbr 1.1.1.1 on Serial1/0 from LOADING to FULL,Loading Done

以上的输出表明：

1）DR 重新选举的过程和结果，新的 DR 是 R3，BDR 是 R2；

2）在 OSPF 邻接关系建立的过程中，接口状态的变化包括 DOWN，2 Way，EXSTART，EXCHANGE，Loading 和 FULL。

5.3 配置 ISIS 路由支持 BGP 实例

5.3.1 应用场景

1）配置 IS-IS 路由进程；控制 DIS 选举；

2）配置 IBGP；

3）验证 BGP。

5.3.2 应用拓扑

配置 ISIS 路由支持 BGP 实例应用拓扑如图 5-5 所示。

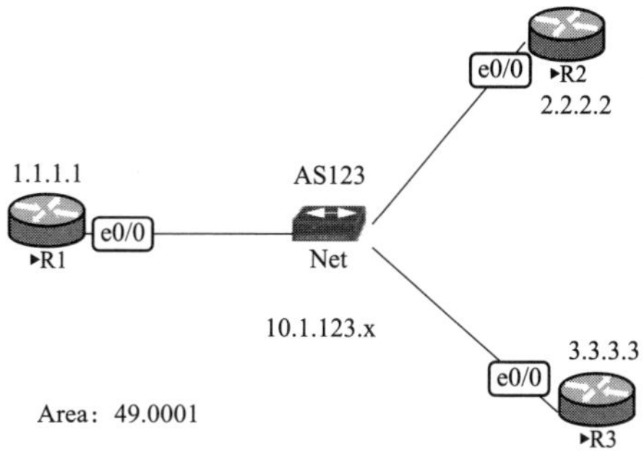

图 5-5 配置 ISIS 路由支持 BGP 实例应用拓扑

5.3.3 实验步骤

（1）配置路由器 R1。

```
R1>en
R1#conf t
Enter configuration commands,one per line. End with CNTL/Z.
R1(config)#int e0/0
```

```
R1(config-if)#ip add 10.1.123.1 255.255.255.0
R1(config-if)#no sh
R1(config-if)#int lo0
R1(config-if)#ip add 1.1.1.1 255.255.255.0
R1(config-if)#exit
R1(config)#router isis
R1(config-router)#net 49.0001.0000.0000.1111.00
R1(config-router)#exit
R1(config)#int e0/0
R1(config-if)#ip router isis
R1(config-if)#int lo0
R1(config-if)#ip router isis
```

（2）配置路由器 R2。

```
R2>en
R2#conf t
R2(config)#int e0/0
R2(config-if)#ip add 10.1.123.2 255.255.255.0
R2(config-if)#no sh
R2(config-if)#int lo0
R2(config-if)#ip add 2.2.2.2 255.255.255.0
R2(config-if)#exit
R2(config)#router isis
R2(config-router)#net 49.0001.0000.0000.2222.00
R2(config-router)#exit
R2(config)#int e0/0
R2(config-if)#ip router isis
R2(config-if)#int lo0
R2(config-if)#ip router isis
```

(3) 配置路由器 R3。

```
R3>en
R3#conf t
Enter configuration commands,one per line. End with CNTL/Z.
R3(config)#int e0/0
R3(config-if)#ip add 10.1.123.3 255.255.255.0
R3(config-if)#no sh
R3(config-if)#int lo0
R3(config-if)#ip add 3.3.3.3 255.255.255.0
R3(config-if)#exit
R3(config)#router isis
R3(config-router)#net 49.0001.0000.0000.3333.00
R3(config-router)#exit
R3(config)#int e0/0
R3(config-if)#ip router isis
R3(config-if)#int lo0
R3(config-if)#ip router isis
```

5.3.4 实验验证

(1) show clns neighbors。该命令用来显示 IS-IS 的邻居。

```
R2#show clns neihbors
Tag null:
System Id  Interface  SNPA            State  Holdtime  Type Protocol
R1         Et0/0      aabb.cc00.1000  Up     29        L1L2 IS-IS
R3         Et0/0      aabb.cc00.3000  Up     9         L1L2 IS-IS
```

从以上输出可以看出，路由器 R2 有 2 个邻居，邻居类型都是“L1L2”类型的，这也是启动 IS-IS 的路由器的默认类型；网络是通过以太网连接的，所以 SNPA 分别接口 MAC 地址。

注意：在默认情况下，Hello包每10s中发送一次，Holddown时间为30s，即3倍的关系。可以在接口下通过“isis hello-interval”命令修改Hello包发送的周期，同时通过“isis hello-multiplier”命令定义Holddown是Hello周期的倍数。

（2）show clns protocol。该命令显示和CLNS路由协议相关的信息。

R2＃show clns protocol

IS-IS Router：<Null Tag>

System Id：0000.0000.2222.00　IS-Type：level-1-2//系统ID以及IS-IS路由器类型

Manual area address(es)：

49.0001

Routing for area address(es)：

49.0001

Interfaces supported by IS-IS：

Loopback0-IP

Ethernet0/0-IP

Redistribute：

static(on by default)

eBGP-neighbors

Distance for L2 CLNS routes：110//管理距离

RRR level：none

Generate narrow metrics：level-1-2

Accept narrow metrics：　level-1-2//使用“窄”度量

Generate wide metrics：　none

Accept wide metrics：　none

（3）show clns interface。该命令显示CLNS接口状态的基本信息。

R2＃show clns interface　e0/0

Ethernet0/0 is up，line protocol is up

Checksums enabled,MTU 1497,Encapsulation SAP

ERPDUs enabled,min. interval 10 msec

CLNS fast switching disabled

CLNS SSE switching disabled

DEC compatibility mode OFF for this interface

Next ESH/ISH in 1 seconds

Routing Protocol:IS-IS

Circuit Type:level-1-2//电路类型

Interface number 0x0,local circuit ID 0x1

Level-1 Metric:10,Priority:64,Circuit ID:R3.01//接口 Level-1 的度量值、接口优先级以及电路 ID

DR ID:R3.01 //R3 是 DIS

Level-1 IPv6 Metric:10

Number of active level-1 adjacencies:2

Level-2 Metric:10,Priority:64,Circuit ID:R3.01

DR ID:R3.01

Level-2 IPv6 Metric:10

Number of active level-2 adjacencies:2

Next IS-IS LAN Level-1 Hello in 7 seconds

Next IS-IS LAN Level-2 Hello in 5 seconds

(4) show isis topology。该命令显示 IS-IS 的实验拓扑信息，包含到其他中间系统的路间系统的路径信息。

R2#show isis topology

Tag null:

IS-IS TID 0 paths to level-1 routers

System Id	Metric	Next-Hop	Interface	SNPA
R1	10	R1	Et0/0	aabb.cc00.1000

R2 --

R3 10 R3 Et0/0

aabb. cc00. 3000

IS-IS TID 0 paths to level-2 routers

System Id Metric Next-Hop Interface SNPA

R1 10 R1 Et0/0

aabb. cc00. 1000

R2 --

R3 10 R3 Et0/0

aabb. cc00. 3000

以上输出表明 IS-IS 是为 L1 路由器和 L2 路由器分别存放路由拓扑数据库的，其中“metric”是到达目标的 cost 之和。

（5）show isis database。该命令显示 IS-IS 链路状态数据库。

R2＃sh isis database

Tag null：

IS-IS Level-1 Link State Database：

LSPID	LSP Seq Num	LSP Checksum	LSP Holdtime/Rcvd	ATT/P/OL
R1. 00-00	0x00000006	0xA23C	431/1199	0/0/0
R2. 00-00	* 0x00000006	0xB301	516/ *	0/0/0
R3. 00-00	0x00000006	0xC4C5	1118/1199	0/0/0
R3. 01-00	0x00000002	0xBDD7	536/1199	0/0/0

IS-IS Level-2 Link State Database：

LSPID	LSP Seq Num	LSP Checksum	LSP Holdtime/Rcvd	ATT/P/OL
R1. 00-00	0x00000008	0xA2E7	540/1199	0/0/0
R2. 00-00	* 0x00000008	0xEC76	565/ *	0/0/0
R3. 00-00	0x00000006	0xF24B4	31/1199	0/0/0
R3. 01-00	0x00000002	0x6FAE	558/1199	0/0/0

以上输出表明：

1）IS-IS 为 Level-1 路由和 Level-2 路由分别维护独立的链路状态数据库，由于 IS-IS 是链路状态路由协议，而且 3 台路由器具有相同区域，所以它们的链路状态数据库是相同的。

2）路由器 R3 是 DIS，LSPID（链路状态协议数据单元 ID）由 3 个部分构成：第 1 部分是系统 ID，长度为 6 字节；第 2 部分是伪节点 ID，长度为 1 字节，它代表了一个 LAN，当这个值非 0 时，表示该路由为 DIS；第 3 部分是 LSP 分段号，长度为 1 字节，如果是 00 表示所有的数据都在单个的 LSP 中。

3）系统 ID 和伪节点就构成了电路 ID（CircuitID），如“R3.01”。

```
R2#sh isis database
Tag null:
IS-IS Level-1 Link State Database:
LSPID      LSP Seq Num    LSP Checksum   LSP Holdtime/Rcvd   ATT/P/OL
R1.00-00   0x0000000F     0x08EF         385/1199            0/0/0
R2.00-00   *0x00000010    0x17B5         850/*               0/0/0
R2.01-00   *0x00000009    0xC0EF         732/*               0/0/0
R3.00-00   0x0000000F     0x2A79         1077/1199           0/0/0
IS-IS Level-2 Link State Database:
LSPID      LSP Seq Num    LSP Checksum   LSP Holdtime/Rcvd   ATT/P/OL
R1.00-00   0x00000012     0x069C         1081/1199           0/0/0
R2.00-00   *0x00000011    0x522A         1138/*              0/0/0
R2.01-00   *0x00000009    0x72C6         927/*               0/0/0
R3.00-00   0x00000010     0x56FF         889/1199            0/0/0
```

（6）show ip route。

```
R2#sh ip route isis
......
        1.0.0.0/24 is subnetted,1 subnets
i L1    1.1.1.0[115/20] via 10.1.123.1,01:56:56,Ethernet0/0
```

3.0.0.0/24 is subnetted,1 subnets

i L1   3.3.3.0[115/20] via 10.1.123.3,01:56:56,Ethernet0/0

以上输出表明，区域内的路由用“i L1”表示，即 level-1 路由。

注意：在默认情况下，IS-IS 使用窄度量计算度量值，所有链路都使用 10 作为度量值，因为 IS-IS 不能像 OSPF 那样基于带宽自动的计算度量值。

(7) 配置 IBGP。

配置路由器 R1

R1(config)#router bgp 123

R1(config-router)#neighbor 2.2.2.2 remote-as 123

R1(config-router)#neighbor 3.3.3.3 remote-as 123

R1(config-router)#neighbor 2.2.2.2 update-source lo0

R1(config-router)#neighbor 3.3.3.3 update-source lo0

配置路由器 R2

R2(config)#router bgp 123

R2(config-router)#neighbor 1.1.1.1 remote-as 123

R2(config-router)#neighbor 3.3.3.3 remote-as 123

R2(config-router)#neighbor 1.1.1.1 update-source lo0

R2(config-router)#neighbor 3.3.3.3 update-source lo0

配置路由器 R3

R3(config)#router bgp 123

R3(config-router)#neighbor 1.1.1.1 remote-as 123

R3(config-router)#neighbor 2.2.2.2 remote-as 123

R3(config-router)#neighbor 1.1.1.1 update-source lo0

R3(config-router)#neighbor 2.2.2.2 update-source lo0

(8) 验证 IBGP。

R2#sh ip bgp summary

BGP router identifier 2.2.2.2,local AS number 123

BGP table version is 1, main routing table version 1

Neighbor	V	AS	MsgRcvd	MsgSent	TblVer	InQ	OutQ	Up/Down	State/PfxRcd
1.1.1.1	4	123	168	169	1	0	0	02:29:51	0
3.3.3.3	4	123	9	9	1	0	0	00:04:57	0

以上输出表明，IBGP 邻居关系已经建立。

5.4 大规模 BGP 应用实例

5.4.1 应用场景

通过配置 BGP 反射器，在大规模的 iBGP 环境建立反射机制，实现全网同步 BGP 路由。为了防止环路，增加了 ORIGINATOR_ID（起源 ID）属性和 CLUSTER_LIST（反射簇列表）属性，防止路由在反射的过程中形成环路。

5.4.2 应用拓扑

大规模 BGP 应用拓扑如图 5-6 所示，其中路由器 R2 作为路由反射器，路由器 R1 和 R3 作为它的客户端。

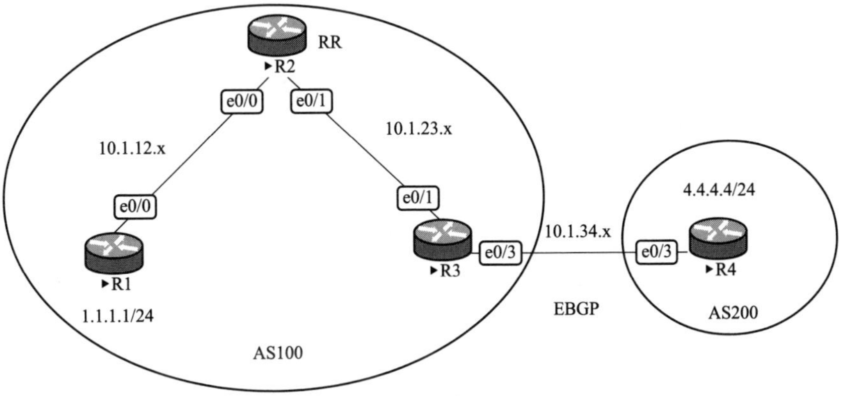

图 5-6 大规模 BGP 应用拓扑

5.4.3 配置步骤

（1）配置路由器R1。

```
R1>en
R1#conf t
Enter configuration commands,one per line. End with CNTL/Z.
R1(config)#int e0/0
R1(config-if)#ip add 10. 1. 12. 1 255. 255. 255. 0
R1(config-if)#no sh
R1(config-if)#int lo0
R1(config-if)#ip add 1. 1. 1. 1 255. 255. 255. 0
R1(config)#router bgp 100
R1(config-router)#bgp router-id 1. 1. 1. 1
R1(config-router)#neighbor 10. 1. 12. 2 remote-as 100
R1(config-router)#network 1. 1. 1. 0 mask 255. 255. 255. 0
```

（2）配置路由器R2。

```
R2>en
R2#conf t
Enter configuration commands,one per line. End with CNTL/Z.
R2(config)#int e0/0
R2(config-if)#ip add 10. 1. 12. 2 255. 255. 255. 0
R2(config-if)#no sh
R2(config-if)#int e0/1
R2(config-if)#ip add 10. 1. 23. 2 255. 255. 255. 0
R2(config-if)#no sh
R2(config)#router bgp 100
R2(config-router)#bgp router-id 2. 2. 2. 2
R2(config-router)#neighbor 10. 1. 12. 1 remote-as 100
```

R2(config-router)＃neighbor 10.1.23.3 remote-as 100

R2(config-router)＃neighbor 10.1.12.1 route-reflector-client //配置RR客户端

R2(config-router)＃neighbor 10.1.23.3 route-reflector-client //配置RR客户端

(3) 配置路由器R3。

R3>en

R3＃conf t

Enter configuration commands, one per line. End with CNTL/Z.

R3(config-if)＃int e0/1

R3(config-if)＃ip add 10.1.23.3 255.255.255.0

R3(config-if)＃no sh

R3(config-if)＃int e0/3

R3(config-if)＃ip add 10.1.34.3 255.255.255.0

R3(config-if)＃no sh

R3(config-if)＃exi

R3(config)＃router bgp 100

R3(config-router)＃bgp router-id 3.3.3.3

R3(config-router)＃neighbor 10.1.23.2 remote-as 100

R3(config-router)＃nei 10.1.34.4 remote-as 200

R3(config-router)＃no auto-summary

R3(config-router)＃bgp routere-id 3.3.3.3

R3(config-router)＃neighbor 10.1.23.2 next-hop-self

(4) 配置路由器R4。

R4>en

R4＃conf t

Enter configuration commands, one per line. End with CNTL/Z.

R4(config)＃int e0/3

R4(config-if)#ip add 10.1.34.4 255.255.255.0

R4(config-if)#no sh

R4(config-if)#int lo0

R4(config-if)#ip add 4.4.4.4 255.255.255.0

R4(config-if)#exit

R4(config)#router bgp 200

R4(config-router)#bgp router-id 4.4.4.4

R4(config-router)#neighbor 10.1.34.3 remote-as 100

R4(config-router)#network 4.4.4.0 mask 255.255.255.0

注意：IBGP邻居传递BGP路由仅仅一跳，大型BGP中路由反射可以实现路由同步，因为IBGP客户只需要和路由反射建立邻居关系，大大减少了IBGP的连接会话数量。路由反射器和它的客户合称为一个反射簇，路由反射器是克服IBGP水平分割的重要手段。

技术要点是BGP路由反射器规则，具体如下：

1）如果路由是从非客户的IBGP邻居学来的，则RR只将它反射给客户；

2）如果路由是从客户学来的，RR会将它反射给所有的非客户和客户（除了发起该路由的客户）；

3）如果路由是从EBGP邻居学来的，RR会将它反射给所有的非客户和客户。

5.4.4 实验验证

（1）show ip bgp neighbors。

R2#show ip bgp neighbors 10.1.12.1

……

For address family:IPv4 Unicast

Session:10.1.12.1

BGP table version 6,neighbor version 6/0

Output queue size :0

Index 2, Advertise bit 0

Route-Reflector Client

……

以上输出中，Route-Reflector Client 字样表明邻居 10. 1. 12. 1 是路由反射的客户端。

(2) show ip bgp 4. 4. 4. 0。

R2#show ip bgp 4. 4. 4. 0

BGP routing table entry for 4. 4. 4. 0/24, version 7

Paths:(1 available, best #1, table default)

Advertised to update-groups:

2

Refresh Epoch 1

200, (Received from a RR-client)

10. 1. 23. 3 from 10. 1. 23. 3(3. 3. 3. 3)

Origin IGP, metric 0, localpref 100, valid, internal, best

rx pathid:0, tx pathid:0x0

以上输出 Received from a RR-client 字样，表明 BGP 路由条目"4. 4. 4. 0/24"是从 RR 的客户端接收到的，客户端是 3. 3. 3. 3，"(3. 3. 3. 3)"指的是路由器 ID。

R1#show ip bgp 4. 4. 4. 0

BGP routing table entry for 4. 4. 4. 0/24, version 0

Paths:(1 available, no best path)

Not advertised to any peer

Refresh Epoch 3

200

10. 1. 23. 3(inaccessible) from 10. 1. 12. 2(2. 2. 2. 2)

Origin IGP,metric 0,localpref 100,valid,internal

Originator:3.3.3.3,Cluster list:2.2.2.2

rx pathid:0,tx pathid:0

以上输出 Originator 字样，表明在 AS 100 内 BGP 路由条目“4.4.4.0/24”的产生者是3.3.3.3，簇 ID 是2.2.2.2。

专有名称：

1）ORIGINATOR_ID：路由器反射器 ID，是本 AS 内路由产生者的路由器 ID；

2）CLUSTER_ID：一个 AS 内的每一个簇必须用一个唯一的4字节的簇 ID 来表识，如果簇内只有一个 RR，那么簇 ID 就是 RR 的路由器 ID，当 RR 接收到一个更新消息的时候，它检查 CLUSTER_LIST，如果发现在列表中有自己的簇 ID，就不接收该更新，簇 ID 用于防止在路由反射器环境中出现路由环路。

5.5 电力核心路由数据应用场景

5.5.1 应用场景：BGP 做 CE 端协议

在电力网络核心路由设计中，MPLS L3VPN 作为骨干网络承载数据调度、优化、冗余路径保障、最优路径选择的功能；现在全局 IGP 使用 OSPF，使用进程号 100。边缘 PE1 与 PE2 之间维护 MP-iBGP 邻接关系，传递核心网络 VPNv4 路由，BGP 的 AS 号是234。R2、R3、R4 之间维护 LDP 邻接关系，交互 IGP 标签，这样形成一条承载数据的逻辑通道，方便了灵活的数据传递。MPLS 域内运行 OSPF（进程号 100），激活 LDP。

为了更好地区分隔离站点的路由条目，在 PE 上创建 VRF，通过灵活的路由导出和导入，控制路由进入骨干网络，将 PE-CE 间的接口放入 VRF；在 PE 和 CE 之间运行 BGP/IGP 协议。

PE 配置 MP-BGP，建立 MP-iBGP 邻接关系。另外，如果 CE-PE 之间是 IGP，则完成 PE-CE 之间路由的重发布。

5.5.2 应用拓扑

BGP 做 CE 端协议应用拓扑如图 5-7 所示。

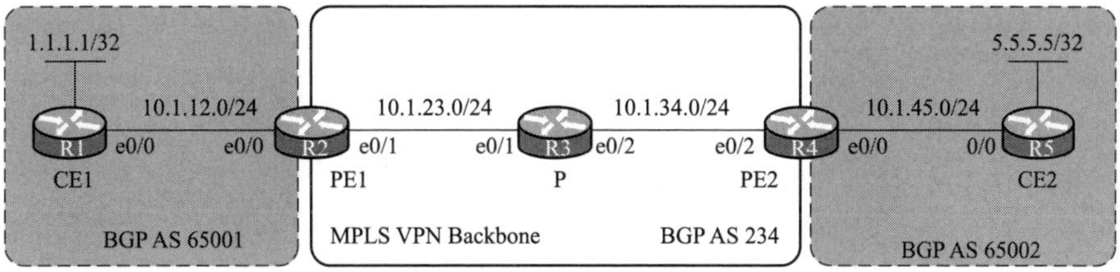

图 5-7　BGP 做 CE 端协议应用拓扑

5.5.3 配置步骤

（1）R2（PE1）的配置如下：

```
router ospf 100
  router-id 2. 2. 2. 2
network 10. 1. 23. 2 0. 0. 0. 0 area 0
  network 2. 2. 2. 2 0. 0. 0. 0 area 0
Ip cef                          //注意，必须开启 ip cef，缺省已经开启
mpls ldp router-id loopback0 !! 设定 LDP router-ID
mpls label range 200 299        !! 为了方便观察实验现象及排错，设置
标签范围
interface e0/1
  mpls ip
```

（2）R3（P）的配置如下：

```
router ospf 100
  router-id 3. 3. 3. 3
  network 10. 1. 23. 3 0. 0. 0. 0 area 0
```

```
  network 10. 1. 34. 3 0. 0. 0. 0 area 0
  networl 3. 3. 3. 3 0. 0. 0. 0 area 0
mpls ldp router-id loopback0
mpls label range 300 399
interface e0/1
  mpls ip
interface e0/2
  mpls ip
```

（3）R4（PE2）的配置如下：

```
router ospf 10
  network 10. 1. 34. 4 0. 0. 0. 0 area 0
  networl 4. 4. 4. 4 0. 0. 0. 0 area 0
mpls ldp router-id loopback0
mpls label range 400 499
interface e0/2
  mpls ip
```

（4）验证 MPLS 邻居：

R3(PE1)＃sh mpls ldp neighbor

（5）创建 VRF。

1）R2（PE1）的配置如下：

```
ip vrf cisco
  rd 1:1
  route-target export 234:2      !! 本地的 RT export
  route-target import 234:4      !! 匹配 PE2 所配置的 RT export,用于
将 PE2 传递过来的路由导入 VRF
Interface e0/0
  ip vrf forwarding cisco        !! 将该接口放入 VRF cisco
  ip address 10. 1. 12. 1 255. 255. 255. 0
```

2）R4（PE2）的配置如下：

ip vrf cisco

rd 1:1

route-target export 234:4　　!! 本地的 RT export

route-target import 234:2　　!! 匹配 PE1 所配置的 RT export

Interface e0/0

ip vrf forwarding cisco

ip address 10.1.45.4 255.255.255.0

（6）配置 vrf 的 BGP 如图 5-8 所示。

```
router bgp 234
 bgp router-id 2.2.2.2
 bgp log-neighbor-changes
 !
 address-family ipv4 vrf cisco
  neighbor 10.1.12.1 remote-as 65001
  neighbor 10.1.12.1 activate
 exit-address-family
```

图 5-8　配置 vrf 的 BGP

R1 配置 BGP 如图 5-9 所示。

R5 配置 BGP 如图 5-10 所示。

```
router bgp 65001
 bgp log-neighbor-changes
 network 1.1.1.0 mask 255.255.255.0
 neighbor 10.1.12.2 remote-as 234
```

图 5-9　R1 配置 BGP

```
router bgp 65002
 bgp log-neighbor-changes
 network 5.5.5.0 mask 255.255.255.0
 neighbor 10.1.45.4 remote-as 234
```

图 5-10　R5 配置 BGP

（7）PE 配置 MP-BGP，建立 MP-iBGP 邻接关系。

1）R2（PE1）的配置如下：

router bgp 234

bgp router-id 2.2.2.2

no bgp default ipv4-unicast　　!! 由于这里我们不需要 PE1-PE2 交互 IPv4 前缀，因此将默认就会自动建立 IPv4 的 BGP 邻接的开

关关掉。

neighbor 4. 4. 4. 4 remote 234

neighbor 4. 4. 4. 4 update-source loopback 0 !! 配置 VPNv4 的邻接，需要在进程中先指 neighbor，然后再去 VPNv4 地址族内激活，注意这里 PE1-PE2 的邻接关系是建立在 Loopback 接口上的

address-family vpnv4

neighbor 4. 4. 4. 4 activate   //激活与 R4 也就是 PE2 的 VPNv4 连接

2）R4（PE2）的配置如下：

router bgp 234

bgp router-id 4. 4. 4. 4

no bgp default ipv4-unicast

neighbor 2. 2. 2. 2 remote 234

neighbor 2. 2. 2. 2 update-sourceloopback 0

address-family vpnv4

neighbor 2. 2. 2. 2 activate

5.5.4 场景验证

（1）R2-PE1＃show ip bgp vpnv4 all summary 验证如图 5-11 所示。

```
R2#sh bgp vpnv4 unicast all summary
BGP router identifier 2.2.2.2, local AS number 234
BGP table version is 8, main routing table version 8
3 network entries using 468 bytes of memory
3 path entries using 252 bytes of memory
3/2 BGP path/bestpath attribute entries using 504 bytes of memory
2 BGP AS-PATH entries using 48 bytes of memory
2 BGP extended community entries using 48 bytes of memory
0 BGP route-map cache entries using 0 bytes of memory
0 BGP filter-list cache entries using 0 bytes of memory
BGP using 1320 total bytes of memory
BGP activity 3/0 prefixes, 3/0 paths, scan interval 60 secs

Neighbor        V           AS MsgRcvd MsgSent   TblVer  InQ OutQ Up/Down  State/PfxRcd
4.4.4.4         4          234       9       8        8    0    0 00:02:42        1
10.1.12.1       4        65001      32      19        8    0    0 00:10:22        1
```

图 5-11 R2-PE1＃show ip bgp vpnv4 all summary 验证

（2）客户端验证路由如图 5-12、图 5-13 所示。

```
R1#sh ip route
Codes: L - local, C - connected, S - static, R - RIP, M - mobile, B - BGP
       D - EIGRP, EX - EIGRP external, O - OSPF, IA - OSPF inter area
       N1 - OSPF NSSA external type 1, N2 - OSPF NSSA external type 2
       E1 - OSPF external type 1, E2 - OSPF external type 2
       i - IS-IS, su - IS-IS summary, L1 - IS-IS level-1, L2 - IS-IS level-2
       ia - IS-IS inter area, * - candidate default, U - per-user static route
       o - ODR, P - periodic downloaded static route, H - NHRP, l - LISP
       a - application route
       + - replicated route, % - next hop override, p - overrides from PfR

Gateway of last resort is not set

      1.0.0.0/8 is variably subnetted, 2 subnets, 2 masks
C        1.1.1.0/24 is directly connected, Loopback0
L        1.1.1.1/32 is directly connected, Loopback0
      5.0.0.0/24 is subnetted, 1 subnets
B        5.5.5.0 [20/0] via 10.1.12.2, 00:04:01
      10.0.0.0/8 is variably subnetted, 2 subnets, 2 masks
C        10.1.12.0/24 is directly connected, Ethernet0/0
L        10.1.12.1/32 is directly connected, Ethernet0/0
```

图 5-12　R1 客户端验证路由

```
R1#ping 5.5.5.5 source 1.1.1.1
Type escape sequence to abort.
Sending 5, 100-byte ICMP Echos to 5.5.5.5, timeout is 2 seconds:
Packet sent with a source address of 1.1.1.1
!!!!!
Success rate is 100 percent (5/5), round-trip min/avg/max = 1/1/3 ms
```

图 5-13　Ping5. 5. 5. 5sou2. 2. 2. 2 验证

（3）其他相关检查如图 5-14、图 5-15 所示。

```
R2#show bgp vpnv4 unicast all
BGP table version is 8, local router ID is 2.2.2.2
Status codes: s suppressed, d damped, h history, * valid, > best, i - internal,
              r RIB-failure, S Stale, m multipath, b backup-path, f RT-Filter,
              x best-external, a additional-path, c RIB-compressed,
              t secondary path,
Origin codes: i - IGP, e - EGP, ? - incomplete
RPKI validation codes: V valid, I invalid, N Not found

     Network          Next Hop            Metric LocPrf Weight Path
Route Distinguisher: 65001:1 (default for vrf c1)
 *>   1.1.1.0/24       10.1.12.1                0             0 65001 i
 *>i  5.5.5.0/24       4.4.4.4                  0    100      0 65002 i
Route Distinguisher: 65002:4
 *>i  5.5.5.0/24       4.4.4.4                  0    100      0 65002 i
```

图 5-14　R2 路由器 BGP 路由表验证

```
R4#show bgp vpnv4 unicast all
BGP table version is 4, local router ID is 4.4.4.4
Status codes: s suppressed, d damped, h history, * valid, > best, i - internal,
              r RIB-failure, S Stale, m multipath, b backup-path, f RT-Filter,
              x best-external, a additional-path, c RIB-compressed,
              t secondary path,
Origin codes: i - IGP, e - EGP, ? - incomplete
RPKI validation codes: V valid, I invalid, N Not found

     Network          Next Hop            Metric LocPrf Weight Path
Route Distinguisher: 65001:1
 *>i  1.1.1.0/24       2.2.2.2                  0    100      0 65001 i
Route Distinguisher: 65002:4 (default for vrf c2)
 *>i  1.1.1.0/24       2.2.2.2                  0    100      0 65001 i
 *>   5.5.5.0/24       10.1.45.5                0             0 65002 i
```

图 5-15　R4 路由器 BGP 路由表验证

6

电力物联网通信技术应用

电力物联网的规模是巨大的，假设每个连接到电力事业公司服务的家庭都需要一个电能表，随着公用事业网络中的每一个电能表通过 IP 和物联网实现自动化，该网络的规模变得巨大。想象一下，一个拥有 50 万户家庭和企业的中型城市，从不同的公共设施获得电力、水和天然气服务，如果假设每种类型的计量表都有一个 IP 地址，那么网络就扩展到 150 万个端点，更不用说支持这些节点的网络基础设施了。从纯粹的 IP 角度来看，很少有组织处理过设计、部署和管理这种规模的网络所涉及的挑战，关于 IP 部分的基础知识已经在第一章做了介绍。

电力设施是第一个通过物联网实现电网自动化和分析的，此外，在电网中普遍存在的许多技术也很好地发挥了物联网的自动化优势。也就是说物联网被用于构建智能电网网络，本章小结 IT 技术和 OT 技术的应用场景。

电力物联网如图 6-1 所示，从电力物联网平台来看 IT 技术和 OT 技术的应用场景包括：

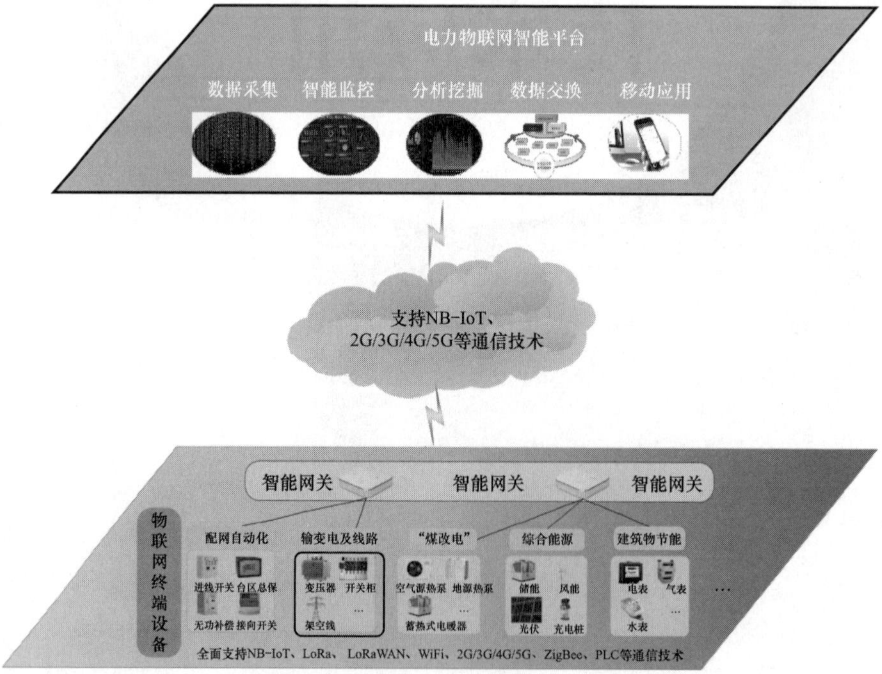

图 6-1　电力物联网

(1) 变电站电网和变电站自动化。变电站是电力传输和分配的场所。变电站内的设备正变得高度互联和自动化变压器和开关都已经物联网控制和联动。

(2) 配电系统控制网格自动化。通过支持 NB-IoT 技术的广域网，允许变配电系统电和控制中心之间的互连。广域网现在正从传统的时分多路复用传输向基于 IP 分组的网络过渡。

(3) 智慧大楼物联电力自动化系统。作为连接智能设备（包括智能电能表和配电网上的设备）的基础元素，允许公用事业公司利用自动化和数据分析的力量灵活地分配调度电力，传感网络也可以通过智能感知节省能源，室内的照明和温度可以通过物联网技术根据储存的电量进行控制，智能灯泡将适应传感器监测到的照明水平，仅在必要时才开启；同样，加热将自动调节，只提供达到理想温度所需的电量。

(4) 可以通过传感器远程监控和控制每个太阳能电池板或风力涡轮机，从而除了预测必要的机械维修外，还可以节省更多的能耗，以避免能源浪费。物联网特别擅长于实现位于远方系统之间的相互通信和互动，储电系统在电力需求较低时尽可能地转化电能，远程系统也灵活地监控充电桩，随时提供电力，使它们就像一个整体一样。从这个意义上说，物联网允许以集中的方式控制电力物联系统网络，以作为能源存储可变性供应不平衡的解决方案。

6.1 IT/OT 在实用程序上存在分歧

随着实用 OT 网络开始向 IP 通信和物联网架构迁移，OT 网络的规模比 IT 网络大了一个数量级。以高级计量基础设施（AMI）为例，其中电能表成为连接到单个网络的支持 IP 的智能设备，仅 AMI 网络就可能有数百万个节点，所有这些节点都可能成为 IPv6 可路由的端点。那么问题出现了：谁来设计、操作和管理 AMI 网络以及其他基于 IP 的 OT 网络？是具有理解实用程序技能的 OT 团队，还是具有 IP 网络经验的 IT 团队。

随着 IT 和 OT 网络的互联，这些挑战变得更加明显。需要解决的问题包括以下方面：

1）如何为关键任务 OT 应用程序支持网络弹性和冗余？

2）谁将支持对网格上必须同时经过 IT 和 OT 网络的分布式系统的远程访问？

3）如何管理 OT 网络和 IT 与 OT 网络之间的连接点的安全？这是传统 IT 安全部门的责任，还是需要一个新的范例？

随着网络的融合，OT 和 IT 需要紧密合作。一些 OT 工程师正在学习构建和支持复杂 OT 系统所需的 IP 技能，而 IT 工程师正在学习实用工具核心 OT 系统的重要方面。然而，各方多年来获得的专门知识和知识是来之不易的；这种知识不容易在短时间内在部门之间转移。一个 IT 工程师要花多长时间来学习复杂的电气保护和控制系统？同样，保护和控制工程师需要多长时间才能学会错综复杂的以太网弹性和 IP 路由，它们如今构成了他们负责的应用程序的网络传输。这些技能需要多年的发展和成熟。

这些挑战开创了智能电网的时代。智能电网是电网与信息和通信技术（ICT）的结合，以有效地提供可持续、经济和安全的电力供应为目标。电力公司现在正在努力应对 IT/OT 聚合的挑战，这可能是第一个面临 IT 和 OT 大规模集成到具有内聚治理的聚合网络的严格要求的主要行业。此外，公用事业行业目前正面临着制定新的行业标准的挑战，这些标准允许数百万变电站和配电装置的安全互连进入企业 IT 网络。为了成功地完成此任务，必须遵循体系结构方法。

智能电网与信息和通信技术（ICT）的结合具有以下优势：

1）开放和基于标准：网络、传输和应用层的核心组件已经由 IETF 和 IEEE 等组织标准化，并且可以与其他兼容设备互操作。

2）多功能终端支持：基于 IPv6 的物联网终端非常灵活，可用于多种地点，包括 AMI（仪表）、街道照明模块、需求响应设备和 SCADA RTUs 等配电自动化终端。

3）灵活的局端部署选项：因为 FAN 使用 IPv6 传输，所以局端聚合点和安全系统可以部署在本地，也可以托管在云中。

4）灵活的回程选项：风扇通常需要一个安装在电线杆或其他方便位置的区域路由器（远）。这个距离是网状网络的终止点。回程有很多种选择，包括LTE，3G，WiMAX，光纤，甚至在非常偏远的社区的卫星回程。

5）支持遗留应用程序：通过使用网关，遗留设备（如串行RTUs）可以大规模连接到IPv6风扇。可扩展：IPv6可以扩展到数千万个端点，在一个大型公用事业网络中很容易管理电能表和路灯。

6）高度安全：FAN GridBlock集成了多层安全性，包括应用程序和网络层加密以及端点身份验证。

7）稳定和弹性：由于IPv6的灵活性，一个精心设计的风扇能够提供强大的网络可用性和弹性。例如，如果一个FAR的主回程通过Wi-Fi，LTE可以作为二次备份，IP路由协议可以用来找出最优路径。此外，使用IP路由，远端可以形成到主端和次端站点的冗余连接。

6.2 智能电网安全考虑

国家能源局在2018年发布了第72号文件，明确指出健全电力行业网络安全责任体系，完善网络安全监督管理体制机制，加强信息基础设施安全保护，提升电力监控系统安全防护水平，强化网络安全防护体系，提高自主创新及安全可控能力，防范和遏制重大网络安全事件，保障电力系统安全稳定运行和电力可靠供应。智能电网安全除物理安全以外，还需要考虑以下几个方面：

1）访问控制：智能风扇等设备通常驻留在不安全的位置，因此设备本身需要具有高度安全的访问控制，如果一个网格物联网终端被恶意添加进网，它可能是网络的后门。为此，建议使用X.509证书来支持终结点和路由器安全接入。

2）数据完整性和保密性：“最后一公里”的粉丝们经常使用未经授权的无线技术，很容易被发现窃听，强烈建议对堆栈的每一层回话进行加密。

此外，还要防止黑客从被盗设备访问信息。

3）威胁检测和缓解：完成威胁检测和缓解的一种方法是，将风机前端组件和系统与变电站或控制中心的其他关键系统进行逻辑分离。与前面提到的 NERC CIP v6 要求一样，遵循深度防御模型并使用不止一层的深度包检查是一个好主意，比如防火墙和理解工业协议（如 SCADA）的 IP。

4）设备和平台的物理完整性：需要尽可能地在物理上得到保护。路由器应该是防篡改和有门警报。此外，IEEE 802.1AR（安全唯一设备标识符）正在成为远程路由器上的标准，不仅可以加快部署速度，而且可以确保网格网络上的设备是可信的。

5）态势感知是一种基于环境的、动态、整体地洞悉安全风险的能力，是以安全大数据为基础，从全局视角提升对安全威胁的发现识别、理解分析、响应处置能力的一种方式，最终是为了决策与行动，所有安全设备和策略协同工作。态势感知系统应该具备网络空间安全持续监控能力，能够及时发现各种攻击威胁与异常；具备威胁调查分析及可视化能力，可以对威胁相关的影响范围、攻击路径、目的、手段进行快速判别，从而支撑有效的安全决策和响应；是安全能力的落地。

6.3 智能电网的未来

自电力行业诞生以来，这种涉及大规模发电、输电和配电的模式一直是向客户提供可靠电力的最具成本效益的方式。然而，在这一过程中也存在一些挑战，包括对发电厂排放的污染的担忧，消费者对更多电力的贪得无厌，以及不断扩大电网基础设施的相关成本，更不用说日益复杂的电网的明显脆弱性。

如今，这个行业在多个方面都面临着前所未有的挑战。其中一些挑战具有破坏性，并威胁着该行业的未来。这些挑战包括需求将内在变量产生的电力可再生资源，比如风能和太阳能，以及集成的分布式能源资源（接单），如太阳能光伏（PV）细胞安装和所有的客户而不是实用但出售电力公用电网。

分布式发电和可再生能源的时代为智能电网提供了强有力的支持。如果你不控制和监督可再生能源，你就不能引进它们，特别是在中/低压层。例如，电力事业公司面临的一个有趣的挑战是，在电力高度分散的电网中，如何平衡和控制电力。例如，太阳能电池产生直流电源。然而，电网运行在交流电上，电流频率和电压/电流相位都是提供高质量电力的关键因素。为了向电网提供能量，直流电源需要通过电源逆变器转换为交流电源。虽然这看起来很简单，但也有一些挑战需要考虑，比如如何在整个电网中平衡第三方如此多的分布式发电。这强调了需要一个可靠的网络系统，能够在电力公司的电网和物联网设备（如逆变器或智能电能表）之间进行通信。

另一个颠覆性的变化是电动汽车的兴起。随着越来越多电动汽车的推出，它们将需要从电网获取更多的电力，也有可能使用这些充满电的汽车电池作为远程电力存储单元，工程师们正在寻找使用这些电动汽车电池作为电力储备解决方案的方法，以支持电网在高峰时期的供电。这完全改变了需求响应的概念以及如何有选择地使用电力。同样，汽车电池是直流电，所以电力需要转换成交流电，这样的系统将需要逆变器和系统计量来跟踪电力的流动，包括电力的输入和输出。所有这些都凸显了在智能电网中可靠的物联网通信网络的重要性。

智能电网的未来：物联网已经对全球电力设施产生了深远的影响，产生了新的流程和商业模式。未来，分布式能源发电、清洁能源和电动汽车将进一步颠覆电网技术。

不管世界各地的颠覆和转型如何发展，未来 10 到 20 年，电力行业将经历比过去一个世纪更多的变化。